에너지 CROSSROAD

정태용 · 김현제 · 문재도

박영story

프롤로그
PROLOGUE

에너지 분야에서 활동하면서 지금처럼 복잡하고 다양한 이슈를 한꺼번에 다뤄야 했던 적은 없다. 세계는 AI를 이용한 산업의 디지털화, 기후위기에 대비한 친환경 에너지 전환, 그리고 러시아 우크라이나 전쟁과 미중 무역갈등에서 비롯된 공급망 재편이란 도전에 직면해 있는데 모두 에너지와 직접 연관되어 있기 때문이다. 우리나라는 부존자원과 에너지가 거의 없어 사용하는 에너지의 대부분을 수입에 의존하고 있으며, 남북 대치 상황에서 에너지 시스템이 고립된 섬이나 마찬가지여서 그 도전과제가 더욱 복잡하고 무겁다.

국제 에너지 기구(IEA)에 따르면 세계가 탄소 중립, 디지털화 등 당면한 과제를 해결하려면 에너지 수요가 계속 늘어날 것이며, 특히 전력 수요가 급증하는 전기화(Electrification)가 진전되어 2050년에 전력 수요가 지금의 2.5배에 달할 것으로 전망하고 있다. 이런 이유로 구글이나 마이크로소프트 같은 세계적인 테크기업들은 값싸고 질 좋은 전력 공급이 미래 경쟁력에 관건이라고 보고 원전 같은 에너지 사업에 투자를 확대하고 있다.

우리나라도 10여 년 전까지 산업 구조가 에너지 저소비형으로 전환되어 지금쯤 전력 수요가 피크에 달할 것으로 보았는데 이제는 2050년에 2배로 늘 것으로 전망한다. 2023년 정부가 세계적인 반도체 경쟁에 대비하여 용인에 대규모의 반도체 산업 단지 조성 계획을 발표하였다. 여기에 필요한 전력이 제때 공급되려면 현재 우리나라 전력 수요의 10%를 상회하는 10GW 규모의 발전소가 건설되어야 한다고 예상하고 있다. 과거에는 수도권 첨단 산업 단지 건설에서 공업용수나 도로 등 인프라가 중요했지만, 이제는 안정적인 전력 공급이 핵심 과제라고 밝혔다. 이에 따라 국회는 대통령 탄핵이란 비상 상황에서도 최우선 민생 입법으로 '국가기간전력망 확충특별법'을 통과시켰다.

지난 3월 21일 세계에서 가장 번잡한 허브공항 중 하나인 런던 히드로 공항이 인근 변전소 화재로 인해 하루 동안 기능이 마비된 일이 벌어졌다. 영국 정부는 하루 1,350대 이상의 비행편이 끊겨 29만여 명의 여행객이 발이 묶이자 비상 전원의 부족함을 지적하였는데 전 세계가 에너지 공급이 중단되면 겪을 일상생활의 불편과 경제에 막대한 피해를 주는 상황을 절감한 사례이다.

한편, '미국을 다시 위대하게(MAGA)'라는 슬로건을 내걸고 세계경제질서의 재편을 추진하는 트럼프 2기 정부는 미국을 가장 값싸게 전력을 공급하는 국가로 만들어 AI를 비롯한 제조업의 부활을 추진하고 있다. 미국이 석유나 천연가스 같은 주력 에너지의 지배력(Energy Dominance)을 확보하여 전 세계 에너지 공급망을 재편하는 한편, 크리스 라이트 에너지부 장관은 취임사에서 독일에서 추진한 재생 에너지 중심의 에너지 전환 정책이 전기 요금을 3배 이상 높여 독일 제조업의 경쟁력을 급격히 떨어뜨린 실패로 끝난 실험이라고 비판하고 파리협정에서 다시 탈퇴하였다.

그런가 하면 화석 연료 사용에 따른 이산화탄소 배출량이 2024년에 급격히 늘어 기온이 처음으로 산업화 이전 대비 1.5도 이상 상회하였다. 지금의 화석 연료 중심의 경제를 지속하다가는 홍수나 가뭄 같은 급격한 기후변화로 인해 '우주선 지구호'가 더 이상 지속 가능하지 않다는 경고음도 계속 울리고 있다. 이제 현대 문명이 화석 연료 사용을 급속히 늘리면서 지하에 저장되었던 탄소들이 지상으로 나와 대기 중 이산화탄소 비율을 높여 온실효과가 커지고 있다는 과학적 사실을 마냥 무시할 수 없는 현실이다.

이처럼 에너지가 국가 경쟁력과 민생에서 중요성을 더해가는 시점에 현재와 미래의 에너지 문제를 해결해야 할 교차로(Cross-road)에 서 있는 우리는 어디로 갈지 막막하기만 하다. 통상 교차로는 2개 이상의 길이 만나는 한 지점을 뜻한다. 인도와 도로에는 각 방향마다 어디로 향하는지 알려주는 표지판이 있으며, 규모가 있는 평면 교차로에는 대부분 신호등이 있으며 그 외에 입체 교차로와 회전 교차로가 있다. 과거에는 에너지의 안정적 경제적 공급을 확보하기 위해 정부가 계획을 세우고 이를 공기업을 중심으로 해결해 왔는데 더 이상 이런 방식으로 해결할 수 없는 한계 상황에 도달했다. 에너지 수요와 공급이 만나는 교차로에 에너지를 생산하는 공기업과 몇 개의 회사가 정부가 제시하는 계획이란 신호등의 신호에 따라 투자하면 문제가 해결되는 평면 교차로 시대였지만, 지금은 에너지 사용량이 많아져 도로폭도 넓어지고 수많은 이해관계자가 참여하여 현재와 미래의 에너지 수급을 함께 고민해야 할 복잡한 입체회전 교차로에 서 있기 때문이다. 그런데 정부의 계획인 신호가 수시로 바뀌고 있어 기업을 비롯한 이해관계자들의 불신과 불안이 커진 고장이 난 신호등이 되어 버렸다. 어느 걸그룹 노래 가사처럼 '시간이 끊어진 이 길에 서 있어 아직 믿어지지 않아' 안일하게 대응했다가는 우리 경제가 심각한 위기에 처할지 모른다는 고민에 빠진다. 이런 난제를 해결하기 위한 새로운 접근이 필요한 시점이다.

그런데, 에너지 문제를 다루면서 몇 가지 근본적인 의문이 있었다.

우리나라 에너지 문제를 우리 스스로 얼마나 풀 수 있을까? 우리가 주로 사용하는 석유, 석탄, 천연가스와 같은 화석 연료는 부존량이 한정되어 있으며 생산되는 지역도 편재되어 있어 중동전쟁과 같은 지성학적 위기가 발생할 때마다 한국경제는 심각한 경제적 충격에 시달렸다. 국제유가가 급등하여 수입액에서 30%를 상회하면 우리 경제의 무역수지가 적자로 전환되고 물가가 급등하는 비상 상황에 처하는 것이 현실이다. 그러나 과거 에너지 위기 상황이 우리에게 기회가 되기도 했다. 원전을 국산화하며 강건한 원전 산업 생태계를 구축하고, 천연가스를 도입하면서 LNG 선박을 건조한 결과 한국은 세계 최고의 원전 경쟁력과 고부가가치 조선 강국으로 발돋움한 경험이 있다. 우리의 에너지 해법은 기술 자립과 산업 생태계 육성이 중심이 되어야 한다.

에너지 정책의 일관성은 유지될 수 있는가? 에너지 시장의 불확실성이 크고 미래 에너지 기술이 아직 경제성에 이르지 않은 상황에서 우리는 해외자원개발, 탈원전, 재생 에너지 개발 등을 추진했지만 정부가 바뀌면 에너지 정책이 정쟁화되는 악순환을 겪기도 한다. 미래 에너지 문제를 해결하려면 신기술에 대한 꾸준한 투자와 인프라 확충이 되어야 하는데 이러한 정쟁을 극복하고 진정한 통합의 에너지 정치를 만들어가는 것이 절실하다.

에너지 정책은 산업진흥, 환경 등 다른 정책 분야와 어떤 연관성을 가지며 어느 정도 독자성을 가져야 하는가? 우리는 에너지 문제를 안보 차원에서 다루어야 한다고 한다. 그러나 90년에 이라크의 쿠웨이트 침공 때처럼 페르시아만에서 긴장이 고조되어 국제 유가가 급등하면 에너지 과소비 행태를 비판하고 근본적인 안정 확보를 국가의 최우선 과제로 다루었어야 한다며 언론에서 정부의 대응에 대해 비판하다가도 문제가 해소되면 언제 그런 일이 있었나 싶을 정도로 잊어버리곤 한다. 에너지의 안정적 경제적 공급을 위한 대책을 추진하다가 기후변화 문제가 세계적인 이슈가 되면 환경에 치우쳐 미래 에너지 안보를 소홀히 한다는 비판을 받기도 한다. 에너지 문제를 해결하는 데 정부와 시장, 중앙 정부와 지방 정부, 공기업과 민간의 역할에 대해서도 늘 논란이 있었다. 이제 이러한 에너지 이슈들을 균형되게 포괄적으로 전담할 정책부서가 필요한 시점이다.

지난해 말 대학교, 연구기관, 정부에서 오랫동안 에너지를 다뤄왔던 세 사람이 모여 복잡한 교차로에 처해 있는 지금의 에너지 시장이 당면한 문제를 평가하고 해법을 찾으려 논의를 거듭하였다. 그 결과를 에너지 전문가, 기업뿐만 아니라 에너지에 관심이 있는 일반인들과 공유하기로 하고 책을 쓰기로 하였다.

이 책은 5개의 장으로 구성된다. 1장과 2장은 세계 에너지 시장에 대한 것으로 70년대 석유파동 이후 세계 에너지 시장이 어떻게 달라졌으며 앞으로 인류의 에너지 문제를 해결하는 데 핵심이 될 새로운 기술을 다룬다. 3장과 4장은 우리나라의 에너지 산업이 어떻게 발전해 왔으며 그 과정에서 얻는 교훈과 시사점을 정리한다. 5장은 정책 분야로 제대로 작동하지 않는 신호등이 서 있는 교차로에서 우리 에너지 정책이 풀어야 할 과제와 대응방안을 정리하였다.

이 책이 에너지에 관한 모든 문제를 다 다루고 있지는 않다. 에너지는 경제 논리로만 풀리지 않고 국제정치, 환경 그리고 과학기술 분야를 모두 포괄해서 해법을 찾아야 하며 기술적인 전문성이 요구되는 분야이다. 일반인들의 이해를 돕기 위해 가급적 많은 도표와 자료를 인용하여 설명하려 하였으나 일반독자의 입장에서 편하게 읽기는 어려울 수도 있을 것이다. 하지만 이 책이 독자에게 복잡한 에너지 현안을 이해하는 데 조금이나마 도움이 되기를 기대한다.

연세대 정태용 교수의 제안으로 시작한 저술작업의 과정은 참여한 저자들 스스로가 현재와 미래의 에너지 문제를 파악하고 우리의 대응을 함께 찾아가는 의미 있는 시간이었다. 연세대 국제학연구소 박세민 연구원과 연세대 국제학대학원 강덕영 조교의 헌신적인 도움이 없었다면 이 책의 완성은 어려웠을 것이다. 다시 한번 박세민 연구원과 강덕영 조교에게 감사하며, 흔쾌히 출판해 주시기로 하신 박영스토리의 노현 대표님과 관계자분들께도 감사의 말씀을 전한다.

2025년 봄

정태용·김현제·문재도 저자 일동

집필을 위한 대담 과정

2025. 01. 24. 대담 1차

2025. 02. 08. 대담 2차

2025. 02. 22. 대담 3차

2025. 03. 07. 대담 4차

2025. 03. 15. 대담 5차

차례
CONTENTS

프롤로그_2

Chapter 01 국제 에너지 시장 동향과 전망 15

1. 과거 에너지 시장의 변화 16
2. 현재 에너지 전환 추세와 관련 이슈 23
3. 에너지 전환의 기술적 혁신 32
4. 미래 에너지 시장의 변화 40
5. 시사점 49

Chapter 02 미래 에너지 기술 53

1. 미래 에너지 기술 발전 조건 54
2. 수소 에너지 63
3. 소형 모듈형 원자로(SMR) 76
4. CCS(Carbon Capture and Storage, 탄소 포집 및 저장) 84
5. 바이오 에너지와 DCR 93

Chapter 03 국내 1차 에너지 산업의 시장 현황과 과제 99
1. 탈석유 에너지 안보: 1970-80년대 오일쇼크 대응과 교훈 100
2. 1990년-2000년대 에너지 산업의 구조조정 111
3. 기후변화 대응과 미래 에너지 정책 123

Chapter 04 국내 에너지 산업과 시장 현황 133
1. 국내 전력 및 가스 산업 구조 개편 경험 134
2. 현재 에너지 산업의 거버넌스와 갈등 해결 방안 142
3. 미래 한국의 에너지 전환 152

Chapter 05 향후 에너지 분야의 과제 167
1. 에너지 전환의 필요성 168
2. 에너지 정책 목표의 재정립 및 추진방향 170
3. 세부 추진 정책 174

에필로그_189

참고문헌_194

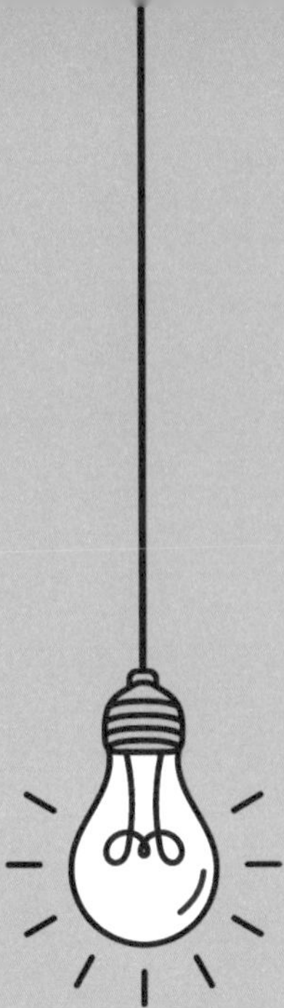

1. 과거 에너지 시장의 변화
2. 현재 에너지 전환 추세와 관련 이슈
3. 에너지 전환의 기술적 혁신
4. 미래 에너지 시장의 변화
5. 시사점

CHAPTER 01

국제 에너지 시장 동향과 전망

1. 과거 에너지 시장의 변화

국제 에너지 시장은 글로벌 경제와 지정학적 환경의 변화에 크게 영향을 받아왔다. 1970년대의 석유 파동(Oil Shock) 이후 1990년대의 세계화, 그리고 산유국의 WTO 가입과 석유 등 에너지의 상품거래소 상장 등을 통한 국제 원유시장의 통합은 에너지 시장에 커다란 전환점을 가져왔다. 이러한 역사적 변화 이해하는 것은 미래 에너지 전략 수립의 중요한 토대가 된다.

1) 1970~80년대: 석유 파동과 에너지 안보

1970년대는 석유 파동이 세계 에너지 시장에 극적인 변화를 초래한 시기다. 두 차례의 석유 파동(1973년과 1979년)은 중동 산유국들의 원유 수출 제한과 급격한 유가 상승으로 이어졌다. 제1차 석유 파동은 당시 배럴 당 3달러였던 국제유가를 11달러로 끌어올렸으며, 제2차 석유 파동 당시 국제유가는 배럴당 15달러에서 39달러까지 치솟았다(EIA, 2007). 이로 인해 글로벌 경제는 불황속에서도 물가가 오르는 유례없는 스테그플레이션을 경험하였다. 석유 파동이 발생할 때마다 세계 경제 성장률은 2~5%p까지 하락했으며, 물가 수준은 4~6%p까지 상승했다(LGBR, 2008). 국제유가는 1960년에서 2010년까지 50년 동안 다양한 국제적인 요인으로 인하여 $10 이하에서 $100 이상까지 등락을 거듭하는 양상을 보여왔다(그림 1-1 참조).

그림 1.1 국제 유가 추이(1960~2010)

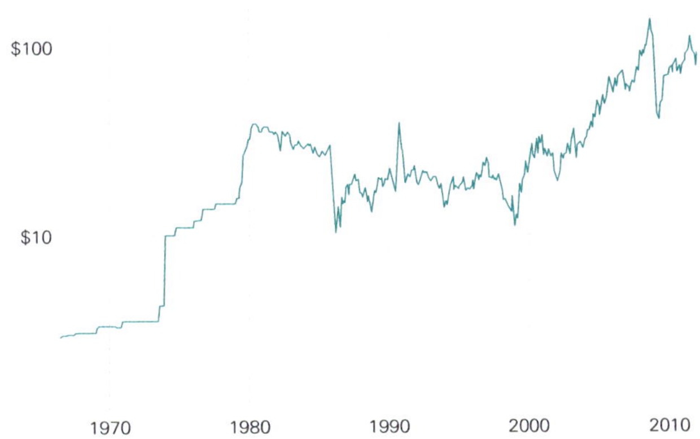

출처: https://www.macrotrends.net/1369/crude-oil-price-history-chart Marcrotrends

석유 파동은 국제 에너지 질서를 근본적으로 변화시키는 계기가 되었다. 제1차 석유 파동 직후인 1974년, OECD 국가들은 국제 에너지 기구(IEA)를 설립해 비상 시 석유 비축 정책과 공동 대응 체계를 구축했다. IEA는 비상비축유 확보 및 공동 방출, 연료 전환, 석유 수요 억제 등의 정책으로 중동 산유국에 대응했다(KIEP, 2004). 미국은 1977년에 에너지부를 설립해 연방정부 차원의 에너지 정책을 수립하고 관리하기 시작했다.

석유 의존도를 줄이기 위한 대체 에너지 개발 속도도 가속화되었다. 특히 유연탄과 함께 천연가스와 원자력이 석유의 대안으로 주목받았다. 1973년 이후 2011년까지 연평균 2.0% 증가율을 보인 세계 에너지 소비 증가율에 비해 석유 소비 비중은 1.0%의 증

그림 1.2 세계 에너지 소비 비중 변화

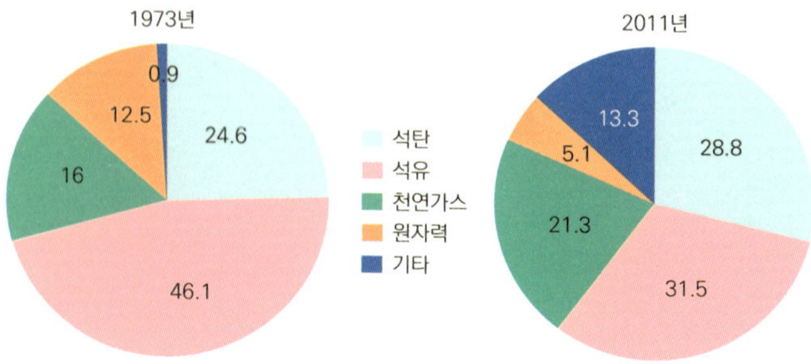

출처: IEA, 2013

표 1.1 세계 에너지 소비 비중 변화

구분	1973	2011	연평균 증가율(%)
석탄	1,501(24.6)	3,776(28.8)	2.5
석유	2,816(46.1)	4,136(31.5)	1.0
천연가스	979(16.0)	2,787(21.3)	2.8
원자력	53(0.9)	674(5.1)	6.9
기타	761(12.5)	1,740(13.3)	2.2
총에너지 소비	6,109(100)	13,113(100)	2.0
화석 에너지	5,295(86.7)	10,699(81.6)	1.9

출처: IEA, 2013

가율을 보여주었지만, 천연가스는 2.8%, 원자력은 6.9%를 기록했다(KEEI, 2013). [그림 1-2]와 [표 1-1]에서 보듯이 세계 1차에너지 소비는 1973년 6,109 MTOE에서 2011년에 두 배 이상 증가하였으며, 석유의 비중이 줄고 천연가스와 원자력의 비중이 증가하였다.

북해와 아프리카 등 중동 이외의 지역에서 석유 탐사가 본격화되면서 석유의 중동 의존도를 낮추기 위한 노력이 이루어졌다. 석유 파동 이전 OPEC과 비OPEC 석유 시장 점유율은 6:4였다. 그러나 1980년 이후 그 비율은 3:7까지 반전되기도 하였다. 천연가스, 원자력 등 대체 에너지 개발로 인한 에너지원의 다각화와 함께 국제 유가는 1990년 걸프전쟁 당시를 제외하고는 배럴당 20~30달러 선을 유지했다(KEEI, 2005).

2) 1990년대: 세계화와 국제 에너지 시장 통합

1990년대는 세계화의 시대였다. 1995년 WTO(World Trade Organization)의 출범과 자유 무역 확대는 에너지 시장에도 큰 영향을 미쳤다.

석유와 천연가스가 국제상품(Commodity) 시장에서 중요한 거래 품목으로 자리 잡았다. 석유는 여전히 세계 최대 규모의 1차 상품으로 생산국과 소비국 모두에게 국가 안보를 좌우하는 요소였다. 천연가스 또한 파이프라인 외에 액화 천연가스(LNG) 거래가 일반화되면서 1980년 1,517 bcm에서 2000년대 초반 3,049 bcm까지 높은 소비 성장률을 달성하며 주요 에너지원이 되었다(IEA, 2009).

한편, 현물시장과 선물시장의 확산으로 가격의 투명성과 거래의 편리성이 강화되었다. 1980년대까지 석유는 장기 계약 중심으로 거래되었으나, 1990년대 이후 현물 및 선물시장이 활성화되었다. 국제석유거래소(IPE), 시카고상품거래소(CME), 뉴욕상품거래소(NYMEX)가 선물거래를 도입하였다. 산유국뿐 아니라 석유회사 및 대형 금융회사들의 선물거래 참여는 원유재고에 대한 유동성과 예측가능성을 제공해 주었다(NICE, 2022).

사우디아라비아, 쿠웨이트, 러시아 등 주요 산유국들이 WTO에 가입하면서 국제 무역 질서에 참여하게 되었다. 이는 단순한 자유무역 확산 이상의 의미를 가진다. 기존 OPEC 주도의 폐쇄적이고, 국가 주도적 에너지 거래 구조에서 벗어나 다자간 무역 체제 내에서 보다 개방적이고 투명하며 경쟁적인 시장 운영이 이루어지도록 하는 기반이 마련되었다. 에너지 무역의 국제 무역 법체계 편입을 의미했다. 이는 에너지 시장의 규제 완화 및 외국인 투자 환경 개선 등 시장의 투명성 강화로 이어졌다.

3) 2000년대: 중국의 부상과 셰일혁명

21세기에 접어들면서 세계 경제는 IT 버블과 2001년 중국의 세계무역기구(WTO) 가입이라는 두 가지 큰 변화로 인해 새로운 모습을 보이기 시작했다. 특히 중국은 세계화의 물결을 타고 매년 두 자리 숫자의 높은 성장률을 기록하며 세계의 생산 공장으로 부상하였다. 중국 경제의 급격한 성장은 엄청난 에너지 소비 증가를 수반하였는데 중국은 에너지 시장의 블랙홀로 불릴 정도였다. 이에 따라 세계 에너지 시장은 점점 달아올라 2008년에는 국제유가가 배럴당 140달러까지 치솟았다. 당시 미국의 골드만삭스는 세계 원유 매장량이 정점을 지나 내리막길로 접어들게 되어 소비가 계속 늘어나면 조만간 200달러 수준까지 상승할 것이란 전망까지 내놓았으며, 금융시장에서 석유에 대한 투자도 이를 부채질하였다.

당시 에너지 전문가들은 생산 가능한 유전이 급속히 고갈되고 있기 때문에 국제유가가 100달러 이하로 떨어지기를 기대하기는 어려운 것이란 전망이 우세하였다.

그러나 2014년 하반기 국제유가가 예기치 않게 급락했다. 이러한 급락은 국제 석유시장의 구조적 변화에 기인한다. 공급 측면에서 셰일혁명으로 인한 비전통 원유 생산이 증가한 반면, 세계 경제의 침체와 중국 경제의 둔화로 석유수요 증가세가 약화되었다.

셰일혁명은 경제성과 기술적 역량의 향상으로 과거 개발이 불가능했던 원유를 생산함으로써 세계 원유 매장량의 획기적인 증가를 가져오게 되었다. 따라서 셰일원유 생산의 급증으로 미국은 세계 최대 원유 생산국이 되었으며, 글로벌 에너지 시장에서 주도적인 위치를 차지하게 되었다. OPEC 등 중동이나 러시아 같은 전통적인 원유수출국 카르텔의 생산 감축 시도나 지정학적인 불안이 발생하면 원유의 공급과 가격의 안정요인으로 작용하고 있다.

4) 기후변화 대응 체제의 출발

1990년대는 기후변화 문제가 국제 사회의 핵심 의제로 본격적으로 부상한 시기이다. 특히 1992년 브라질 리우데자네이루에서 열린 유엔 환경개발회의(UNCED, United Nations Conference on Environment and Development)는 국제 환경 협력의 전환점으로 평가된다. 당시 채택된 유엔기후변화협약(UNFCCC, United Nations Framework Convention on Climate Change)은 지구 온난화의 주원인으로 지목된 온실가스 배출량을 안정화시키는 것을 목표로 국제 사회의 공동 대응을 촉진하는 계기가 되었다. UNFCCC는 또한 '공동의 그러나 차별화된 책임(Common but Differentiated Responsibilities, CBDR)'이라는 원칙을 도입하여 국가별 경제 발전 수준과 역사적 책임에 따라 차등화된 책임을 부여했다. 이는 이후 글로벌 기후 협력 체제의 기본 틀을 마련하였다.

1997년 일본 교토에서 채택된 교토의정서(Kyoto Protocol)는 UNFCCC를 구체적인 실행 단계로 발전시킨 중요한 국제 합의였다. 교토의정서는 법적 구속력 있는 온실가스 감축 목표를 선진국에 부여하고, 경제적 효율성을 높이기 위한 시장 메커니즘을 결합한 '교토 메커니즘'을 도입했다. 구체적으로 배출권 거래제(ETS, Emissions Trading System), 청정개발체제(CDM, Clean Development Mechanism), 공동이행(JI, Joint Implementation)과 같은 경제적 수단을 제시하였다.

배출권 거래제(ETS)는 시장 원리를 이용하여 온실가스 감축을 경제적으로 유도하였고, 청정개발체제(CDM)는 선진국과 개발도상국 간 저탄소 기술 이전과 지속 가능한 개발 협력을 촉진하였다. 공동이행(JI) 역시 선진국 간 기술과 자본 이전을 통해 효율적 온실가스 감축을 가능하게 했다. 하지만 교토의정서는 주요 개발도상국인 중국과 인도 등에게 감축 의무를 부여하지 않아 형평성 논란을 야기했다. 특히 미국은 이 같은 형평성 문제를 들어 의정서 비준을 거부하며 국제적 기후변화 대응의 실효성에 한계를 드러냈다.

UNFCCC와 교토의정서는 이후 2015년 파리협정(Paris Agreement) 체결로 이어지는 글로벌 기후변화 대응 체제 구축에 중요한 초석이 되었다. 특히 이 시기부터 에너지 정책과 기후 정책을 통합적으로 접근하는 새로운 정책 패러다임이 부상하였다. 나아가 에너지 생산과 소비 방식의 근본적 혁신을 통한 온실가스 감축과 에너지 전환이 기후대응 전략의 핵심으로 자리 잡게 된 결정적인 계기가 되었다.

2. 현재 에너지 전환 추세와 관련 이슈

현재 시점에서 지구 온난화가 가속화됨에 따라 에너지 전환은 탄소 중립(Net-Zero) 실현과 기후변화 대응을 위한 중요한 의제이지만, AI 등 급격한 디지털화의 진행과 러시아-우크라이나 전쟁, 미중 간 무역갈등에 따른 공급망 재편과 함께 미국 트럼프 2기 정부의 등장으로 미국에서 기후 대응 체제의 후퇴와 같은 흐름은 기후변화 문제와 같은 글로벌 이슈가 에너지 시장에 복합적인 영향을 미치고 있다.

1) 디지털 전환과 전기화의 확대

AI, 빅데이터, 클라우드 컴퓨팅 등의 확산으로 모든 분야에서 디지털 전환이 급속하게 진행됨에 따라 데이터 센터용 전력 수요가 급격하게 증가하고 있다. 전기차 보급과 에너지 다소비 산업 공정의 자동화와 전기화에 따라 전력 소비 증가를 부채질할 것으로 전망된다. 2022년 기준 전 세계 데이터 센터, AI, 암호화폐 관련 전력 소비량은 약 460TWh로 추정된다. 이는 전 세계 전력 소비량의 약 2%를 차지하며, 대한민국의 연간 전력 소비량(568TWh)의 약 81%에 해당하는 수준으로 이러한 전력 수요가 2026년까지 최대

그림 1.3 미국 데이터 센터 전력 소비량 예측

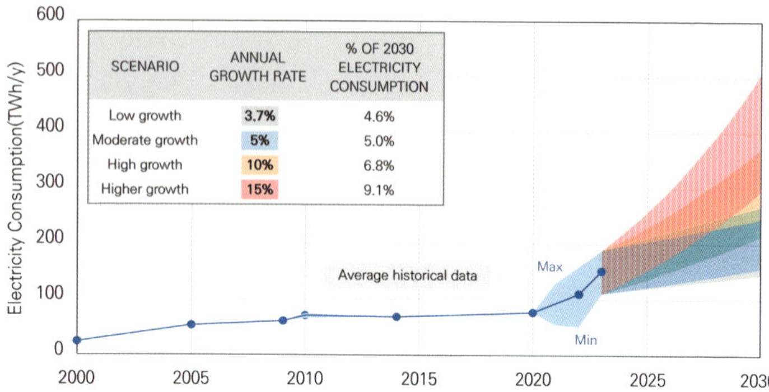

출처: EPRI, 2024

1,000TWh 이상으로 증가할 전망이다(IEA, 2024)[1].

[그림 1-3]에서는 미국의 데이터 센터의 증가에 따른 향후 미국 전력 수요 예측을 보여준다. 2030년까지 데이터 센터의 증가폭에 대한 시나리오에 따라 전력 수요가 급격하게 증가할 것임을 알 수 있다.

따라서 국가 경쟁력 강화의 핵심 요소인 디지털 전환은 에너지 시장의 구조적 변화를 이끄는 핵심적 요소이며, 전력 수요 증가를 고려한 전력망 안정성 확보 및 에너지 효율 개선이 필수적 요소가 되고 있다.

1) 연간 전력소비량이 500TWh를 넘는 국가는 미국, 중국, 인도, 러시아, 일본, 캐나다, 브라질, 대한민국 8개국이다.

전기차(EV)와 열전기화, 산업 공정의 전기화가 가속화되고 있다. 전기차는 2018년 전 세계 신규자동차 판매 비중이 2% 정도였으나, 2022년 14%, 2023년에는 약 18%를 차지하여 2023년도 글로벌 전기차 판매량은 1,400만 대를 기록했다. 이는 전년 대비 35% 증가한 수치로(KEEI, 2024), 전력망 부하 증가와 함께 분산형 전원 시스템인 재생 에너지의 확대가 필요하게 되었다. 열전기화 기술과 산업공정 전기화는 에너지 효율 극대화를 위한 핵심 경로로 주목받고 있다. 열기화 기술은 열에너지의 이동현상을 전기 에너지로 변환하는 기술로 열에너지를 유지비 없이 전기 에너지로 변환할 수 있는 유일한 방식이다(이재광 외, 2016). 산업 공정의 전기화(Electrification) 기술은 최종 소비(End–use) 관점에서 에너지 사용을 화석 연료에서 전기로 전환하는 기술 보급으로 직접적인 탄소 배출을 줄이는 방법이다. IEA는 탄소 중립(Net–Zero Emissions) 2050 시나리오에서 전기화 기술이 전 세계 누적 탄소 감축량의 20%, BloombergNEF는 23%를 기여할 것으로 예측하고 있다(KIER, 2022). 특히 전기화는 에너지 소비의 탈탄소화를 가능하게 하는 핵심 전략으로 평가되지만, 전기화의 가속은 탄소 배출을 최소화하는 발전시설의 대폭 확충과 그에 따른 신규 전력망 건설수요가 뒤따르기 때문에 에너지 공급의 안정성을 보장하기 위한 대책이 필요하다.

2) 러시아-우크라이나 전쟁과 글로벌 에너지 시장의 분절화

러시아–우크라이나 전쟁(이하 러우전쟁)은 세계 에너지 시장에 심각한 분절화와 공급망 재편을 초래하는 계기가 되었다.

냉전시대에도 안정적으로 유지되었던 러시아의 천연가스 공급 차단으로 유럽은 심각한 에너지 난에 직면하게 되었다. 러시아의 천연가스는 유럽에 있어 하나의 '트로이 목마'였다. 러우 전쟁 이전 러시아산 가스는 유럽 시장의 약 40%라는 높은 점유율을 차지하고 있었기 때문이다. 유럽연합(EU)는 러시아 에너지 의존도를 낮추기 위해 2022년부터 REPowerEU 프로그램을 출범했다. 액화천연가스(LNG) 등 에너지 공급 다변화, 재생 에너지 생산 확대 및 러시아의 가스, 원유 등 화석 연료를 단계적으로 퇴출하는 계획이다.

유럽은 LNG(액화 천연가스) 수입 및 재생 에너지 확대를 통해 러시아 의존도를 줄이고 있지만, 이는 에너지 비용 상승과 공급망 불안정으로 이어졌다. 유럽연합(EU)의 러시아산 천연가스 수입량 변화를 나타내는 그래프(2019년 1월~2022년 7월)를 보면, 2021년까지는 상대적으로 안정적으로 유지되던 러시아산 가스 공급이 2022년 들어 급격히 감소한 것을 확인할 수 있다. 실제로 현재 EU는 미국으로부터 LNG의 50% 이상을 수입하게 되어 미국은 유럽에 주요 LNG 공급국이 되었다(INSS, 2025). 러시아에 대한 에너지 의존도는 40%에서 15%까지 줄어들었지만, 이미 유럽의 천연가스 가격은 미국의 4배이며, 지난 2024년 전쟁 이전에 비해 50% 이상 올랐다.

세계 에너지 시장의 또 다른 특징은 자원 보유국들이 자원 민족주의(Resource Nationalism)를 강화하며, 자국 내 가공 및 정제 정책을 통해 부가가치 창출을 우선시하고 있다. 세계화 이후 핵심 광물의 생산이 점점 특정 지역에 집중되어있기 때문이다. [그림

그림 1.4 주요 재화의 시장 규모와 집중도(2020-2022년)

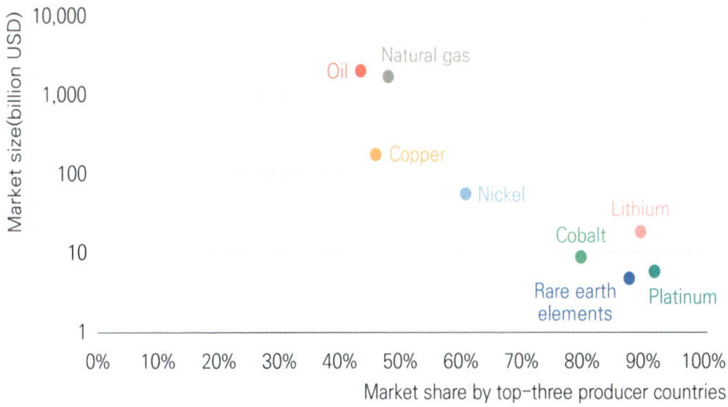

출처: IEA, 2022

1-4]에서 보듯이 핵심 광물의 지역 편중이 매우 심하다. 한편 석유와 천연가스와 같은 화석 연료는 국제 시장의 규모가 매우 크다는 것을 알 수 있다. 에너지와 핵심 광물과 같은 자원의 편중성은 국제적 무역과 공급망 안정성을 위협하는 요소로 작용하고 있다.

미국, 중동, 아프리카가 유럽의 새로운 에너지 공급원으로 부상하고 있다. 유럽은 미국의 에너지뿐만 아니라 원유 수입량도 늘리면서 2022년 12월 유럽의 미국 원유 수입량은 하루 평균 168만 8000배럴로 2021년 대비 54% 증가했으며, 천연가스는 2030년까지 연 50bcm으로 확대, 공급받을 계획이다. 2022년 6월 EU 집행위원회는 이스라엘·이집트와 천연가스 공급 양해각서를 체결하였으며, 독일은 카타르에서 가스를 수입하기 위한 신규 LNG 터미널 건설계획을 발표하였다. 특히 아프리카 지역에 대한 관심이 증가하

표 1.2 주요 아프리카-유럽 가스 파이프라인 구축 현황

파이프라인	시작지점	종료지점	통과국	길이	최대규모	운영현황
트랜스메드	알제리	이탈리아	튀니지	2,475km	33.5bcm/y	○
메드가즈	알제리	스페인	-	210km	10.7bcm/y	○
마그레브-유럽	알제리	스페인	모로코	1,350km	12bcm/y	△
그린스트림	리비아	이탈리아	-	540km	9bcm/y	△
Galsi	알제리	이탈리아	-	861km	8bcm/y	논의 중단
나이지리아-모로코	나이지리아	스페인	베냉, 토고, 가나, 코트디부아르, 라이베리아, 시에라리온, 기니, 세네갈, 모리타니, 모로코	5,660km	5400bcm/y	예정(2045년)
사하라종단	나이지리아	알제리	니제르	4,128km	30bcm/y	논의 중
서아프리카	나이지리아	가나	베냉, 토고	677km	5bcm/y	○

출처: KIEP, 2022

였는데, 유럽과 지리적으로 가깝고 공급 인프라가 마련되어 있기 때문이다. [표 1-2]에서 보듯이 아프리카와 유럽을 잇는 주요 가스 파이프라인은 현재 알제리를 중심으로 운영되고 있으며, 나이지리아-모로코 가스배관이 스페인까지 연장될 예정이고, 사하라종단 가스배관도 논의 중이다. 이러한 인프라 확장은 아프리카를 유럽의 중요한 에너지 공급원으로 부상시키고 있다(KIEP, 2022).

천연가스 분야뿐만 아니라 EU는 아프리카와 '아프리카-EU 그린에너지 이니셔티브(AEGEI)'에 34억 유로를 지원하면서 그린 수소와 같은 미래의 청정 에너지 생산에도 집중할 계획이다. AEGEI

는 EU의 '글로벌 게이트웨이 이니셔티브(Global Gateway Initiative)' 프로젝트의 일환으로 EU의 개발도상국 기반 시설 건설 프로젝트다. 유럽은 2030년까지 아프리카에 재생 에너지 설비를 50GW설치하고 최소 1억 명에게 전력 공급을 하는 것을 목표로 2023년 기준 아프리카 25개국을 대상으로 그린 수소, 태양광, 바이오매스 발전소 건설 등의 사업이 진행 중이다.

에너지 시장이 지역 중심으로 재편되면서 국제 에너지 시장의 불확실성이 증가하고 있다. 이에 대응하여 미국과 유럽을 비롯한 선진국은 IPEF(인도태평양경제프레임워크)와 MSP(Mineral Security Partnership, 핵심 광물 안보 파트너십)을 구성하였다. 그러나 현재 세계 곳곳에서 진행되고 있는 지정학적 분쟁의 확대 및 심화는 결국 자원의 비효율적 배분과 경제적 추가 비용을 발생시킬 수 있다(KEEI, 2024). 따라서 에너지 및 자원의 해외 의존도가 높은 나라는 에너지 공급의 다각화를 통한 에너지 안보 확보는 아무리 강조해도 지나치지 않은 필수 요소이다.

3) 기후변화 대응의 후퇴와 국제 에너지 시장의 불확실성

코로나19 사태로 전 세계 경제활동이 위축됨에 따라 일시적으로 감소하던 전 세계 화석 연료 사용이 감소하던 추세가 러우전쟁과 글로벌 경기 둔화로 인해 경제적 고통이 지속되면서 다시 증가하는 추세가 되었다. 이에 따라 탄소 중립 목표와 기후 대응 체제가 일부 후퇴하는 이른바 '그린래시(Greenlash)'현상이 나타나고 있다. [표 1-3]에서 보듯이 미국과 독일과 같은 기후 대응 선도국에서도 기후 정책에 반대하는 정당 및 여론의 지지율이 상승하고 있

표 1.3 주요국 그린래시 현상 및 탄소 중립 후퇴 사례

구분	국가	내용
그린래시 현상	스웨덴	2030년 내연기관차 판매 금지에 대한 반대 여론 우세(찬성 42%, 반대 47%)
	독일	2024년부터 가정용 화석 연료 보일러 사용금지법안 채택 후 과도한 기후 대응 정책에 반대하는 독일을 위한 대안당(AfD) 지지율 상승(2위, 22%)
	네덜란드	2019년 도입된 가축농가질소배출규제에 비판하는 정당인 농민시민운동(BBB) 지지율 10%대로 상승
	미국	바이든 행정부의 기후 아젠다를 반대하는 트럼프 전 대통령 지지율 상승
탄소 중립 후퇴	EU	- '기업 지속 가능성 주의 지침' 대상에서 금융기업 제외 논의 시작 - 신규 배기가스 규제안인 '유로 7'을 현행 '유로 6'으로 유지
	스웨덴	2024년 기후 대책 관련 예산(약 2.6억 크로나) 삭감, 유류세 감면 등을 통한 내연기관 자동차 이용자 부담 경감, 신규 원자로 10기 건설 계획 발표 등 탈원전 기조 철회
	영국	휘발유 및 경유차 신차 판매 금지 시기 연기(2030년 → 2035년)
	기타	독일, 오스트리아, 네덜란드, 그리스, 이탈리아 등의 국가는 석탄 화력 발전 규제 등 에너지 전환 조치 완화

출처: 현대경제연구원, 2024

으며, 스웨덴에서는 2030년 내연기관차 판매 금지에 대한 반대 의견(47%)이 찬성 의견(42%)을 넘어서는 등 친환경 정책에 대한 반발이 커지고 있다. 스웨덴은 기후대책 관련 예산을 삭감하였으며, 영국은 휘발유 및 경유차 신차 판매 금지 시점을 기존 2030년에서 2035년으로 연기하는 등 탄소 감축 목표를 늦추고 있다. 또한, 독일, 오스트리아, 네덜란드, 그리스, 이탈리아 등의 유럽 국가들은 석탄 화력 발전 규제를 완화하며 에너지 전환 속도를 늦추는 등 탄소 중립 후퇴의 현상이 나타나고 있다. 이처럼 선진국인 유럽과

미국을 중심으로 기후변화 대응이 후퇴하는 모습을 보이고 있다. 이와 같은 기후 대응 후퇴 현상으로 인해 전 세계 탄소 배출량이 다시 증가세로 전환되었으며, 2023년 석탄 발전의 탄소 배출량은 154억 톤에 달하였다(HRI, 2023).

러우 전쟁의 장기화뿐만 아니라 중동 지역 갈등 고조, 미중 갈등이 지속되는 가운데 전 세계적으로 대홍수나 가뭄 등 이상 기후의 빈번한 발생으로 인한 에너지 시장의 불안정성이 계속되고 있다. 따라서 향후 국제 에너지 시장이 예측하기 어려운 불확실성의 시대로 진입할 것이라는 것을 쉽게 예상할 수 있다. 특히 국제사회의 세계화 추세가 후퇴하고 자국의 이익을 강조하는 현상이 늘어나고 있다. 이러한 현상은 앞으로 에너지를 포함한 천연 자원의 무기화, 공급망 불안정, 국제 협력 약화 등을 초래할 가능성이 높아지고 이에 따라 국제 에너지 시장의 혼란을 더욱 심화시킬 가능성이 커지고 있다. [그림 1-5]에서 보듯이 글로벌 공급망 압력지수를 통해 살펴본 추세이다. 글로벌 공급망 압력지수(GSCPI)는 전 세계 공급망의 혼잡도와 차질 정도를 측정하는 지표로, 운송비, 제조업 지표, 물류 지연 등을 반영하여 공급망의 원활함 또는 불안정성을 나타낸다. 이 지수를 통해 추세를 살펴보면, 코로나19 팬데믹과 러시아-우크라이나 전쟁을 거치면서 글로벌 공급망이 더욱 불안정해진 것을 확인할 수 있다. 코로나19로 인한 봉쇄와 물류 차질, 전쟁으로 인한 에너지·원자재 공급난이 겹치면서 공급망 압력이 최고 수준으로 증가했다.

그림 1.5 글로벌 공급망 압력지수 추이(1998-2024)

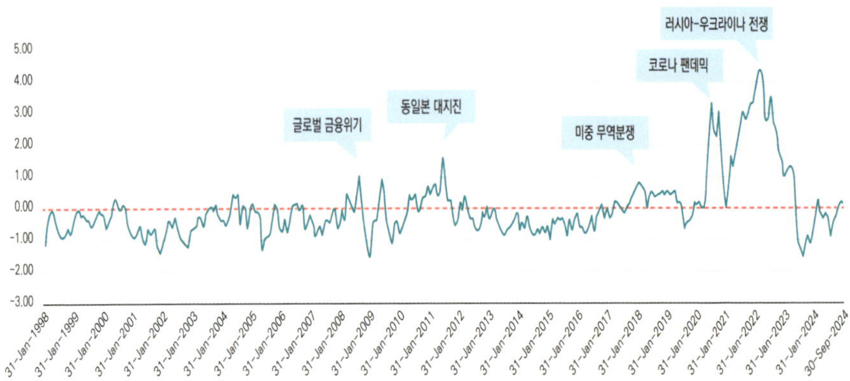

Source: Federal Reserve Bank of New York, 삼정KPMG 경제연구원
Note: 지수 0은 과거 평균값을 의미, 0 이상이면 공급망 압력 심화, 0 미만이면 공급망 압력 완화를 나타냄

출처: 삼정KPMG 경제연구원, 2024

3. 에너지 전환의 기술적 혁신

1) 에너지 전환과 기술적 선택

태양광, 풍력, 수소 에너지 등 재생 에너지는 에너지 전환의 핵심 기술이다. 2023년 전 세계 신규 전력 생산의 90%를 재생 에너지가 차지하고 있다. 태양광은 고효율 패널 및 에너지 저장 기술의 개발로 그 비용이 매년 약 30%씩 하락하는 경향을 보이며 지속적으로 감소하고 있다. [그림 1-6]에서 볼 수 있듯이, 태양광 패널 가격은 2015년 1분기(Q1 2015)부터 2023년 1분기(Q1 2023)까지

그림 1.6 전기차 배터리, 태양광 패널 등에 관한 글로벌 평균 가격 추이

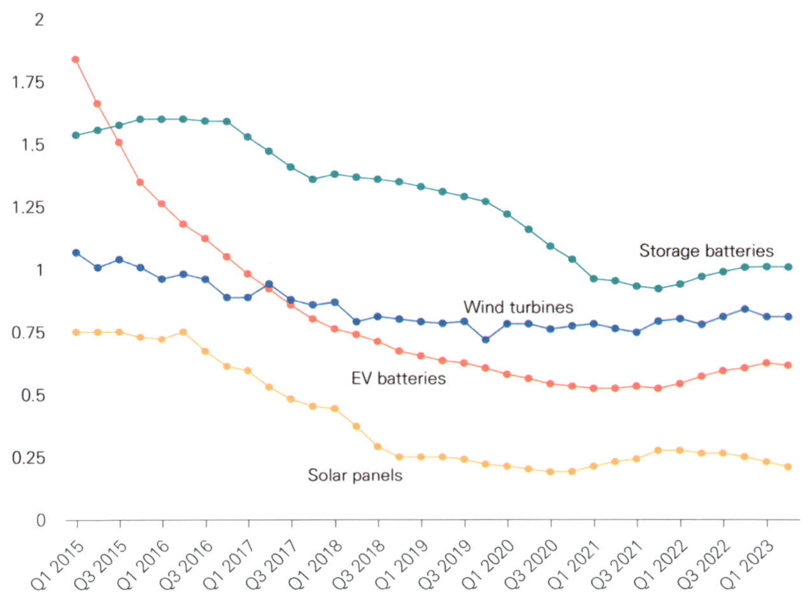

출처: IEA, 2023

지속적인 하락세를 기록하고 있다. 초기에는 상대적으로 높은 가격대를 형성했으나, 2017년 이후 급격히 감소했으며, 최근에는 2015년 대비 절반 이하 수준으로 떨어져 태양광 발전의 경제성을 높였다. 풍력 발전은 최근 들어 강철 등 핵심 소재 및 운송비용 증가 등으로 인해 초기 투자비용이 높은 상황이다. 풍력의 경우에는 경제성 향상을 위한 기술의 사업화 및 대규모 공급 생태계 구축을 위한 연간 3,800억 달러의 투자가 필요한 상황이다.

태양광, 풍력 등 재생 에너지의 한계는 바로 '간헐성'이다. 기상

그림 1.7 국가별 ESS 누적설치량 전망(출력기준, GW)

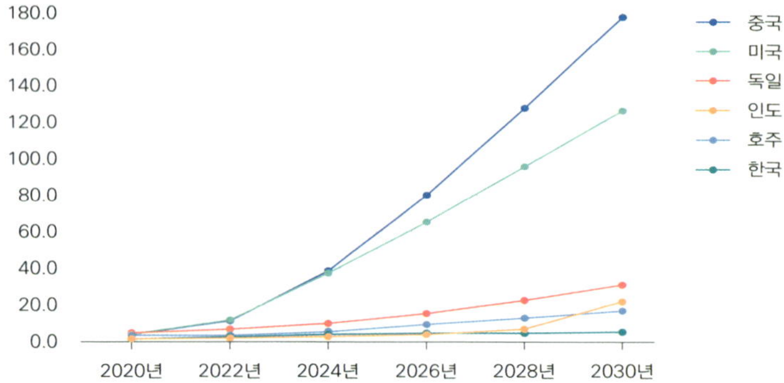

자료: BNEF(2023.3), "1H 2023 Energy Storagy Market Outlook"의 내용을 바탕으로 저자 작성

출처: KEEI, 2024

환경에 따라 발전량이 달라지는 특유의 변동성으로 인해 수급량 예측이 어렵기 때문이다. 따라서 에너지 저장 기술(ESS)은 재생 에너지의 간헐성 문제를 해결할 핵심 기술로 평가된다. ESS 누적설비규모는 2022년 438GW/91.5GWh이지만 2030년 508GW/1,432GWh로 연평균 증가율이 23%에 달할 전망이다. 2018년 kWh당 230달러에서 2023년 166달러로 하락하고 있는 리튬배터리 판매단가의 하락도 ESS 시장의 급성장에 기인한다(그림 1-7 참조). 리튬배터리는 지속적인 기술의 발전과 향상, 다양한 분야에서의 수요 확대에 따라 단가는 2030년 138달러까지 하락할 것으로 전망된다(그림 1-8 참조).

에너지 저장 시스템(ESS)과 그린 수소 생산 기술은 재생 에너지의 간헐성 문제 해결에 중요한 역할을 할 것으로 평가되었다. 현

그림 1.8 리튬배터리 판매단가 추이(그리드용, Rack 기준)

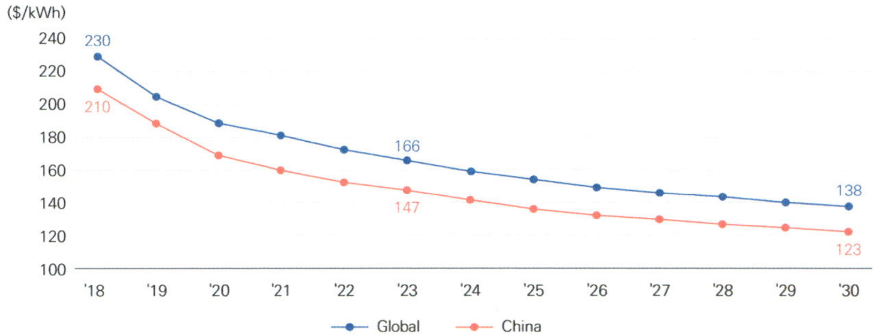

자료: SNE Research(2022.2), "〈2022.1H〉 Global ESS 시장 전망(~2030)"

출처: KEEI, 2024

재 그린 수소 상용화까지 다소 시간이 걸리며, 기술 수준과 시장 환경에서 ESS 사업의 경제성 확보가 어려워 각 선진국들은 정책적 지원을 이끌어내고 있다(표 1-4 참조).

수소는 전력 생산뿐만 아니라 운송, 산업, 난방 등 다양한 부분에서 기존 화석 연료를 대체할 수 있는 핵심 에너지원으로 기대된다. 현재 전 세계 수소 수요는 94Mt이지만, 2050년까지 STEPS 기준 150Mt, NZE 기준 520Mt로 증가할 전망이다. 미국, 유럽 등 국가는 수소에 10억 달러 규모의 인센티브를 지원하고 REPower EU 프로젝트 아래 수소 소비량을 10배까지 키우는 등의 정책을 추진하고 있다.

수소를 생산하는 과정에서 배출되는 이산화탄소를 포집하여 저장하는 블루 수소 생산기술은 이산화탄소를 포집하여 저장하는 CCS(Carbon Capture and Storage) 기술을 활용하고 상용화하여 에너

표 1.4 주요국 ESS정책 지원 현황

구분	미국	중국	일본	독일	호주	인도
설치 의무화	캘리포니아 등 5개 주 ESS 설치 의무화	신규 유틸리티 규모의 재생 에너지 발전 설비에 ESS 연계 의무화	-	-	-	2030년까지 전체 전력 수요의 4%를 ESS로 충당
보조금 지급	ITC를 통해 ESS 설치투자비에 대한 세액 공제 (최대 60%)	설비기준을 충족하는 ESS 설비에 대해 보조금 지급	설비기준을 충족하는 ESS 설비에 대해 보조금 지급	태양광 연계 ESS 설치에 대해 보조금 지원	주거용 ESS 대해 보조금 지급	대형 ESS 프로젝트 수행기업에 보조금 지급
전력 시장 참여	FERC의 Order841을 통해 ESS 전력 도매 시장 참여지침 마련	-	ESS의 용량시장 참여 가능	ESS의 보조서비스 (주파수) 시장참여 가능	보조서비스 (주파수)시장을 통해 ESS 설비의 수익 창출	보조서비스 시장참여 대상에 ESS 설비 포함 (2021년)

출처: KEEI, 2024

지 전환과 산업 공정의 탈탄소화를 가능하게 한다. 특히 그린 수소는 태양광이나 풍력같은 재생 에너지를 이용하여 물을 전기분해를 통해 생산하는 수소 에너지로, 생산 과정에서 탄소 배출이 거의 없는 청정 에너지원이다. 하지만 수소를 생산하는 과정에서 거쳐야 하는 에너지의 전환과정은 현재까지 다른 에너지원과 비교하여 수소의 가격 경쟁력이 떨어진다. 청정 수소를 가장 저렴하게 생산할 수 있는 방식은 천연가스나 석탄 등 화석 연료를 기반으로 생산하는 블루 수소 에너지이다. 그리고 이 블루 수소를 생산하는 데 있어 탄소 포집·저장 기술(CCS)이 필수적이다. 블루 수소와 그린 수소의 생산비용은 천연가스 기반 개질수소+CCS가 가장 낮고, 다음으로 석탄 가스화 공정 수소+CCS, 마지막으로 재생 에너지 기반의 그린 수소 순으로 나타났다(KEEI, 2021, 그림 1-9 참조).

그림 1.9 글로벌 수소 생산비용(현재), 블루 수소 vs. 그린 수소

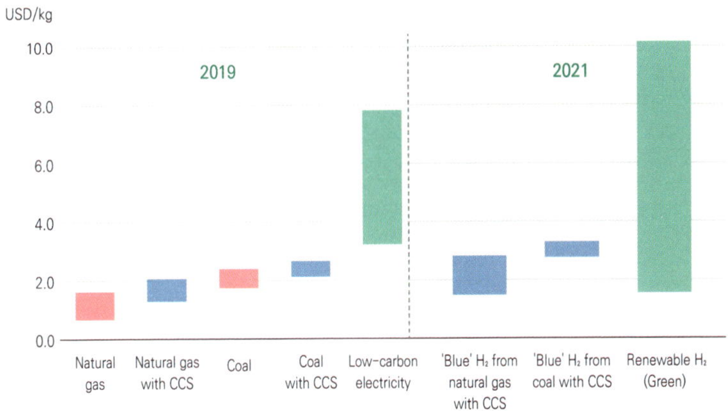

출처: IEA, 2020

특히 수소 연료 전지와 수소 기반 운송 수단의 상용화는 미래 에너지 시장에서 중요한 경쟁 요소가 될 것이다. 수소는 동일한 질량에서 상대적으로 높은 에너지 밀도와 빠른 충전 시간 등의 장점을 가지고 있어 운송 수단의 중요한 경쟁 요소로 주목받고 있다. 하지만 현재 청정 수소 생산 비용이 높고 수송, 저장 및 사용 인프라가 제한적이라 정부 및 기업의 투자와 지원이 필요한 상황이다(Hydrogen Council, 2018). 현재 수소 인프라 구축의 가속화를 위해선 연간 약 5,000억 달러 규모의 투자 및 정책적 지원이 필요한 상황이다(KEEI, 2025).

2011년 후쿠시마 원전사고 이후 정체된 세계 원전 시장이 러우전쟁으로 인하여 각국의 에너지 안보의 중요성이 커지고 기후변화 대응을 위한 무탄소발전의 수요가 늘어남에 따라 점점 커지고

있다. 원전 기술 자체가 발전함에 따라 대형 원전 확대의 가장 큰 걸림돌인 원전 사용 후 핵폐기물 처리문제와 원전 사고에 따른 사회적, 환경적 피해 문제에 대하여 적극 대응하고 있다. 특히 안전성이 획기적으로 개선되고 건설기간이 짧아 수요지 인근에 배치가 용이하고, 원전의 규모를 상대적으로 쉽게 조정할 수 있는 소형 모듈 원전(Small Modular Reactor)이 상용화 단계에 접어들면서 전 세계 원전 시장이 급성장할 것으로 예상된다.

2) 디지털 전환과 에너지 기술의 융합

AIoT(인공지능 사물인터넷)와 기반 에너지 관리 시스템은 전력 수급을 실시간으로 최적화할 수 있는 핵심 기술이다. 데이터 수집과 분석을 통해 에너지 소비 패턴을 학습하고, 설정된 조건에 따라 설비를 자동으로 제어함으로써 에너지 과소비를 방지할 수 있다.

스마트그리드는 기존 전력망에 정보통신기술(ICT, Information and Communications Technology)을 접목하여 에너지 생산, 전달, 소비를 효율적으로 관리하는 지능형 전력망 시스템이다. 스마트그리드의 가장 큰 특징은 공급자와 소비자가 실시간으로 정보를 교환할 수 있다는 점이며, 이를 통해 에너지 효율을 극대화할 수 있다. 예를 들어, 대한민국 내 스마트그리드를 구축할 경우 전기 에너지 사용량이 약 6% 절감될 것으로 예상되며, 이는 발전 출력이 불안정할 수 있는 신재생 에너지 보급 기반을 촉진할 것으로 기대된다. 또한, 이를 통해 국가 탄소 배출량의 4.6% 저감 효과가 있을 것으로 추산된다(KEEI, 2021).

현재 구글 검색 한번은 0.3Wh 전력을 사용하는 것에 비해, Chat GPT 검색은 2.9Wh가 필요하여 구글 검색보다 10배 전력이 필요하다. 미국 전력연구소(EPRI)는 구글의 AI 기능이 일반 검색과 통합된다면 검색당 전력 소모가 6.9~8.9Wh로 Chat GPT보다 3배 이상 높아질 수 있다고 추정했다. 따라서 이러한 AI 활용 서비스를 위한 상시 전력 수요 공급과 전력 효율화가 매우 중요하다. 여기에 빅데이터와 AI 분석을 활용한 에너지 효율화는 데이터 센터와 전력 소비 시설의 에너지 절감을 촉진할 수 있다. AI를 활용한 송전망 장애 사전 감지를 통한 복구 시간 단축 체계 구축은 에너지 공급 및 효율화 측면에서 도움이 될 수 있는 기술 중 하나이다(KEEI, 2025).

유럽연합(EU)은 디지털 전환과 지속 가능성 전환의 융합인 트윈 트랜스포메이션(Twin Transformation)을 적극 추진하고 있으며, 이는 에너지 및 산업 전반에 걸쳐 지속 가능한 경제 성장을 촉진하는 핵심 전략이다. EU의 '지속 가능하고 스마트한 모빌리티 전략(Sustainable and Smart Mobility Strategy)'은 교통 시스템의 디지털화와 녹색 전환을 통해 2050년까지 운송 부문의 온실가스 배출을 90% 감축하는 것을 목표로 한다. 또한, '유럽 산업 전략(European Industrial Strategy)'은 기후 중립과 디지털 경제 전환을 지원하면서 산업 경쟁력과 전략적 자율성을 강화하는 데 중점을 두고 있다. 이러한 정책들은 디지털 기술을 활용한 에너지 효율화, 스마트그리드 구축, 인공지능(AI) 기반 에너지 관리 시스템을 통해 전력 수급을 최적화하고, 데이터 센터 및 전력 소비 시설의 에너지 절감을 촉진하는 데 기여하고 있다. 궁극적으로, EU는 트윈 트랜스포메이션을 통해 디지털 혁신과 친환경 목표를 동시에 달성하여 경제 성장과 탄소 배출 저감을 균형 있게 추진하고 있다.

4. 미래 에너지 시장의 변화

에너지 시장은 화석 에너지와 비화석 에너지의 공존 속에서 새로운 전환기를 맞이하고 있다.

석유, 천연가스, 석탄과 같은 화석 에너지가 여전히 글로벌 에너지 시장에서 중요한 역할을 하고 있으며, 단기간 내 급격한 감소는 현실적으로 어려울 것이다. 전 세계 1차 에너지 소비의 50% 이상이 여전히 화석 연료에 의존하고 있기 때문이다. IEA도 STEPS, APS, NZE 모든 시나리오에서 화석 연료 수요는 2030년까지 정점에 도달하며, STEPS에서는 석탄 수요가 2025년경 감소를 시작하고, 석유와 가스 수요는 2030년대 말 정점에 이를 것으로 전망된다. 특히 산업 공정과 운송 분야에서 대체 에너지로의 전환은 더욱 시간이 걸릴 것이다. IEA는 철강, 시멘트 생산 등 산업 부문에서 석탄이 상당 기간 계속해서 중요한 역할을 할 것으로 보이나, 2030년 말에 가까워지면서 산업용 소비가 큰 국가의 소비[2)]가 감소할 것으로 예측하였다. 그러나 신규 LNG 생산시설 가동으로 세계 천연가스 소비가 상승함에 따라 APS, NZE에서의 화석 연료 소

2) 미국, 중국, 유럽, 한국, 일본 등

비가 대폭 축소되지는 않을 것으로 보인다. STEPS상 수송 부문에서 전기차 운행 증가에도 불구하고 화물차 수요로 인해 석유 수요가 현재와 같은 수준에서 머물 것으로 보인다(IEA, 2024)[3].

1) 에너지 기술 발전 방향

최근 들어 탄소 포집 및 저장(CCS) 기술과 블루 수소, 고효율 발전 기술과 같은 저탄소화 기술의 적용을 통해 화석 에너지를 점진적으로 탈탄소화하는 것이 에너지 수급의 안정을 기할 수 있다는 주장이 힘을 얻고 있다. 미국과 유럽은 CCS와 블루 수소를 적극적으로 도입하며 화석 연료 산업의 지속 가능성을 모색하고 있다.

바이든 정부는 2030년까지 온실가스 배출량을 2005년 대비 50~52% 감축하기 위해 CCS 보급 촉진을 위한 정책적 인센티브를 제공하고 있다.[4] 특히 인플레이션감축법(IRA) 시행으로 2030년까지 미국에서 탄소 포집 시스템이 최대 13배까지 증가할 것으로 분석된다(KEEI, 2024). 그러나 트럼프 2기 출범 후 기후변화 정책의 후퇴를 공언하였고, 화석 연료의 사용 증가를 선언하였다. 특히 트

3) IEA는 에너지 부문의 미래를 이해할 수 있는 프레임워크를 제공하고자 3개 시나리오를 바탕으로 '2024년 세계 에너지 전망(World Energy Outlook 2024, WEO-2024)'을 작성함: ① 기존 정책 시나리오(STEPS): 현재 시행 중인 정책과 시장 동향을 반영하여 에너지 부문의 미래를 전망, ② 공약 달성 시나리오(APS): 각국이 발표한 기후·에너지 공약이 모두 이행될 경우의 에너지 시장 변화를 분석, ③ 2050 탄소 중립 시나리오(NZE): 2050년까지 넷제로 목표를 달성하여 지구 온난화를 1.5°C 이하로 억제하는 경로 제시.

4) 초당적 인프라법(BIL, Bipartisan Infrastructure Law), 인플레이션 감축법(IRA, InflationReductionAct of 2022), 반도체 생산 지원 및 과학법(CHIPS, Creating Helpful Incentives to Produce Semiconductors and Science Act) 등 더 많은 재정 지원 메커니즘을 제공.

럼부 정부는 셰일가스를 통한 LNG의 생산과 수출증가를 강조하고 있기 때문에 CCS 기술의 상용화 및 비용 감소는 예측하기 어려운 상황이다. EU는 2018년 탄소포집 및 이용(CCU) 기술을 활용한 바이오 연료를 의무사용 재생 연료 범위에 포함시켰으며, EU-ETS(Emissions Trading System) 수익금의 최대 60%를 CCS와 같은 사업에 투자, 활용하도록 지원하고 있다.

현재 전 세계 수소 생산의 95%가 화석 연료에서 생산한 소위 그레이 수소이며, 생산의 22%가 미국과 유럽에서 소비된다. 따라서 미국은 '국가 청정 수소 전략 및 로드맵(U.S. National Clean Hydrogen Strategy and Roadmap)'을 발표하여 청정 수소의 전략적 이용, 공급 가격 인하, 허브 구축을 통한 규모 확대를 제시하였다. 유럽 또한 수소 경제 구축을 위한 그린 수소 및 수소공급 사슬 구축에 중점을 두고 있으나 가격경쟁력을 위해 CCS를 활용한 블루 수소의 필요성도 강조하였다(KEEI, 2021). 미국과 유럽을 중심으로 화석 연료의 변형적인 전환을 통하여 에너지 기술을 지속적으로 개발하고 있다.

저탄소 에너지 전환의 핵심 기술인 수소 에너지에서도 각 선진국의 투자 및 정책적 지원이 강화되고 있다. 특히 유럽과 일본은 수소 경제로의 전환을 위한 대규모 인프라 구축을 추진하고 있다. 유럽은 2030년까지 31,000km의 수소 파이프라인을 구축하고, IPCEI Hy2Infra 프로젝트를 통해 69억 유로의 공적 자금을 투입하며 EU 수소은행을 운영하는 등 수소 관련 통합 네트워크 구축에 힘쓰고 있다. 한편 일본은 저장 및 운송 인프라 구축 지원을 포함한 수소 클러스터 구축을 시범사업으로 추진하고 있다. 이에 따라 일본은 수도권에 3개의 대규모 클러스터, 그리고 지방에는 5개의 중규모 클러스터를 조성할 계획이다. 또한 수소 사회촉진법(Hydrogen Society Promotion Act), 차액보조금(CfD, Contracts for Difference) 지급 등을 통해 총 3조 엔을 인프라 및 청정 수소 공급망 구축에 투자할 예정이다(KEEI, 2024). 이와 동시에 가스배관망 등 기존 인프라를 최대한 활용하여 수소 경제로의 전환을 촉진하고 있다.

에너지 신기술 개발과 사업화를 위한 R&D 투자 확대는 에너지 전환에 필수적이다. 이는 기술혁신을 통해 재생 에너지 발전 비용을 절감시키고 새로운 시장 창출을 유도한다. 풍력 기술이나 태양광 발전이 대표적이다. 그중 태양광 발전은 정부의 지원 및 기업의 개발을 통한 규모의 경제 실현과 공급 및 고효율 기술 향상 등이 가격 하락을 이끌고 있다. 지난 10여 년간 태양광 및 풍력 발전의 균등화 발전 비용(LCOE)이 획기적으로 감소하였다. 태양광 발전의 글로벌 평균 비용은 2010년 대비 2022년까지 약 90% 가까이 하락했으며, 해상풍력과 육상풍력 또한 큰 폭의 감소를 보였다. 또한, 전 세계 태양광 설치량은 당초 300GW대로 예상되었으나, 이를 훨씬 넘어 400GW에 이르며 빠르게 증가하고 있다(Korea Exim Bank, 2024).

재생 에너지는 초기 투자 비용이 높은 것이 특징인데, 설치기업에 대한 세제 혜택과 금융 지원이 신사업화를 촉진할 수 있었다. 현재 대부분 국가에서 재생 에너지 기술이 성숙하고 시장여건이 개선되어 정부 중심 재정적 지원으로는 지속 가능한 재생 에너지원 보급에 한계가 있어 정부 지원을 줄이고 점차 시장 기능에 맡기고 있다(이재석, 박정순, 최영선, 김정인, 유종민, 박혜진, 2023).

2) 전기화 시대의 대응 방향

전기차, 열전기화, 산업 공정의 전기화가 에너지 소비의 탈탄소화를 촉진하며, 이에 따라 전력 수요 증가와 송전망 등 공급 인프라 확대가 필요하다. AI, 빅데이터, 클라우드 서비스 확산은 데이터 센터의 전력 수요를 폭발적으로 증가시켜 전력 인프라 확충의 긴급성을 부각시켰다. 2028년까지 데이터 센터는 전 세계 전력 소비 증가의 10~12%를 차지할 것으로 예상된다.

분산형 전력망과 마이크로그리드 구축은 지역 내 에너지 자립을 높이고, 비상시에 전력 수급 안정성을 제고할 수 있는 대안으로 제시되었다. 이러한 시스템은 독립적 운영이 가능해 중앙 전력망의 장애 및 정전 시에도 안정적 공급이 가능하기 때문이다. 또한 특정 에너지원, 송전망에 대한 과도한 의존도 피할 수 있다는 장점이 있다. 독립성을 가진다는 것은 전력 생산과 소비가 한정된 공간에서 이루어진다는 것을 뜻하며, 이는 세계 각국이 어려움을 겪는 송전망 건설 수요를 없애고 송배전 손실을 줄이고 에너지 효율성을 높여 탄소 배출 감소에도 기여한다. 이에 따라 글로벌 마이크로그리드 시장은 연평균 10.6% 성장하여 2025년에는 470억 달러에 이를 것으로 예상하고 있다(KETEP, 2021).

발전설비의 확대와 더불어서 전력계통의 연계는 탄소 배출이 없는 장점을 가진 재생 에너지 시스템의 단점인 간헐성을 보완할 수 있는 해결책 중 하나다. 예를 들어서 한국은 일본과 전력 연계 사업을 검토 중이다. 이는 대한민국 고성에서 일본 마쓰에까지 총 345km, 500kV HVDC 송전선로를 건설하는 사업이며, 2030년까지 완공을 목표로 하고 있는데 실현되면 약 230m$의 사회적 편익을 발생할 것으로 추정된다(장희인, 김구한, 이성규, 2023).

동북아 수퍼그리드 프로젝트 또한 역내 정치적 갈등을 극복하다면 에너지 공급 안정성을 확보하기 위한 장기적 해결책이 될 수 있다. 수퍼그리드는 다(多)국가 간 광역 전력망 연계를 통해 전력 자원을 상호 공유하는 것을 의미한다. 현재 유럽, 아프리카 등 지역에서 수퍼그리드 프로젝트가 추진, 혹은 논의 중이며 동북아 지역도 수퍼그리드 프로젝트가 검토된 적이 있다. 동북아 수퍼그리드는 러시아, 몽골의 에너지 자원을 이용한 전력 생산을 통해 한국, 중국, 일본과 같은 주요 수요처에 공급하는 프로젝트다. 이는 지역적으로 편중되어 있는 청정 에너지를 공동 개발하여 발전 설비 설치 공간 부족이라는 단점을 극복하고 전력망 연계를 통한 에너지 공급 안정성에 기여할 것으로 기대한다(이성규, 정규재, 2018).

3) 국제 협력 강화

전기화, 디지털화와 같은 패러다임 전환은 핵심 광물 집약형 산업 구조로 전환과 공급망 재편을 가속화한다. 예를 들어, 전기차는 기존 내연기관 대비 6배, 풍력 발전은 화력 발전 대비 9배의 희유금속 등 핵심 광물을 필요로 한다. 이러한 과정에서 핵심 원료 광물 수요는 2020년 대비 2040년까지 4배 이상 급증할 전망이다. 하지만, 러우 전쟁 등 지정학적 위기나 자원 공급국의 수출 통제 등 공급망 교란은 핵심 광물 수급의 불확실성 및 가격 급등을 초래하고 있다. 따라서 희토류, 리튬, 우라늄 등 핵심 자원 공급망의 다변화가 필수적이다. 미국, 유럽, 한국, 일본 등 자원 수요 수요국은 광물 안보 파트너십(MSP, Minerals Security Partnership), 핵심 광물 작업반(Working Party on Critical Minerals) 등을 통한 동맹국 중심의 협력 확대 및 인플레이션 감축법(IRA), 핵심 원자재법(CRMA)과 같은 공급망 내재화를 추진 중이다. 미국 트럼프 2기 정부는 중국의 희유금속 자원무기화에 대응하여 우크라이나와 광물협정 체결, 그린란드 지배 등을 통해 문제 해결을 추진 중에 있는 것도 눈여겨 보아야 한다.

[그림 1-10]은 EU가 작성한 주요 핵심 광물과 이를 활용한 에너지 기술 및 디지털 기술의 개발 및 사용되는 최종 수요처의 관계를 도식화한 것이다. 다양한 핵심 광물들이 에너지 및 디지털 기술에 사용되는 원료나 재료가 되고 이를 활용하고 응용하는 수요분야로 전해지는 과정을 보여주고 있다. 따라서 핵심 광물에 대한 안정적 공급망을 확보하는 것이 무엇보다 중요한 국가적 과제가 되었고 이해 관계가 서로 맞는 국가끼리 공급망을 구축하는 양상을 보이고 있다. 결국 핵심 광물을 가지고 있는 국가들과 이를 개발하고 활용할 수 있는 기술을 보유한 국가, 최종 수요를 확보하고 있는 국가들 사이에 다양한 형태의 협력과 분업이 이루어지고 있다.

예를 들어 핵심 광물에 대한 주요 수요국인 미국, 유럽, 한국, 일본은 자원 개발 잠재량이 풍부한 아프리카와 남미 국가와의 자

그림 1.10 미래 기술에 필요한 핵심 광물과 공급 리스크

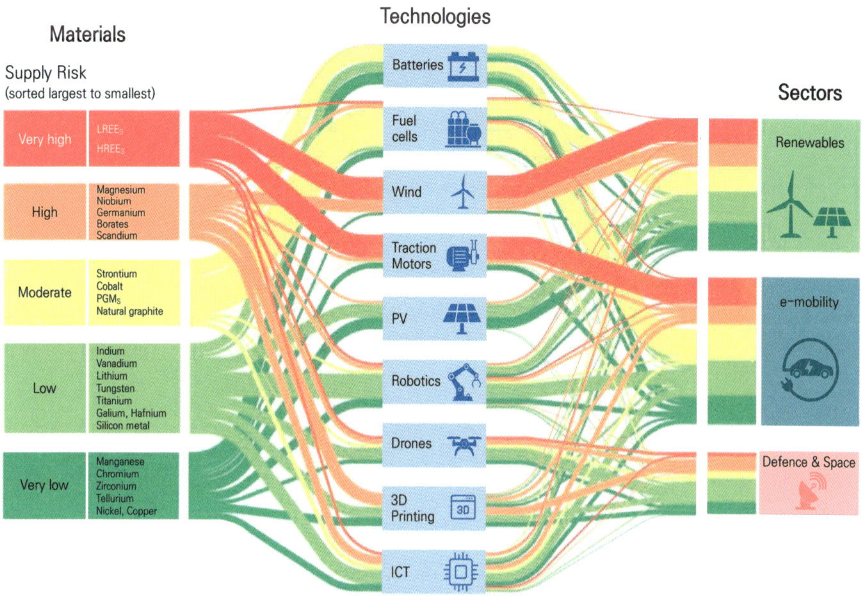

출처: EU, 2020

원 외교를 강화해야 하는 것이 국가적인 과제가 되고 있다. 실제로 이미 미국, 일본은 쿼드(Quad) 안보 협의체를 통해 희토류 공급망 구축을 논의 중이며, 유럽도 EU－아프리카 전략, EU－라틴아메리카 원자재 파트너십 구축 등을 통해 자원 공급망을 다각화하고 있다(산업통상자원부, 2023). 한국도 한－아프리카 핵심 광물 대화를 출범하고 칠레와 아르헨티나에 민·관 합동 핵심 광물 사업조사단을 파견하는 등 협력 체계 구축에 노력을 기울이고 있다.

국제 사회는 기후변화 대응을 위하여 탄소 감축에 함께 노력하고 있다. 결국 국제 사회가 탄소 배출의 비용을 높임에 따라 탄소 배출이 적은 저탄소형 에너지원으로 전환을 유도하는 것이다. 이를 위해서 어떤 국가들은 탄소세를 도입하여 전력생산 과정에서 재생 에너지 사용 비율을 확대하려 한다. 이를 위한 법적 규제 강화와 함께 기업에 대한 세제 혜택을 통해 저탄소 경제로의 전환을 적극 유도하고 있다. 또 다른 국가들은 탄소 배출권의 거래를 허용하여 저탄소 에너지 시스템의 구축을 촉진하고 있으며 이를 시장을 통해 이루고자 한다. 각국의 여건과 상황에 따라 도입되는 제도와 정책은 다르지만 공통적으로 저탄소 에너지 시스템 구축을 위한 국제 사회의 노력과 협력이 이루어지고 있다.

탄소세 도입과 배출권 거래제 강화는 비용 상승 우려에도 불구하고 기업들이 저탄소 기술로 전환할 수 있는 강력한 유인을 제공하고 있다. EU는 탄소 가격 거래제를 통해 2023년 온실가스 배출량을 1990년 대비 37% 감소시켰으며, 같은 기간 스웨덴은 1991년부터 2017년까지 온실가스 배출량을 26% 감축했지만, 국내 총생산(GDP)는 오히려 78% 성장했다(KDI, 2024). 미국 캘리포니아주의 탄소 배출권 거래제도 2012년부터 2019년까지 18.9%의 온실가스 배출 감축에 기여했으며, 세계적으로 70여 가지의 탄소 가격 관련 제도 시행이 글로벌 온실가스 배출량을 최대 21%까지 감축한 것으로 알려지고 있다.

5. 시사점

1970년 대 두 차례의 석유 파동은 국제 에너지 시장의 취약성을 보여주며, 모든 국가에게 에너지 자원 다변화와 대체 에너지 개발이 필수적이라는 교훈을 남겼다. 이는 재생 에너지와 에너지 안보 논의의 출발점이 되었다. 실제 석유파동 시기 실질유가 1달러 상승은 파동 직후 첫해의 경제 성장률을 0.15%p 감소시켰지만, 1999년 이후 2000년대 초 고유가 시기에는 0.04%p 감소시키는 데 그치는 것으로 분석되었다(KIEP, 2005).

1990년대는 글로벌 시장 통합과 기후변화 대응이라는 두 가지 흐름이 교차한 시기로, 에너지 안정공급과 기후 대응을 위한 새로운 패러다임이 모색되었다. 단순히 필요한 에너지를 안정적으로 공급하는 것을 넘어 탄소 배출 저감 기술과 에너지 효율 개선이 전 세계적으로 점점 더 중요한 과제가 되었다.

1970년대부터 1990년대까지의 에너지 시장 변화는 현대 에너지 정책과 국제 협력의 기반을 마련했다. 1970년대 석유 파동은 에너지 공급의 취약성을 부각시키며, 다양한 에너지원 확보와 비축 등 근본적인 시장 안정 전략의 필요성을 강조했다. 동시에 글로벌화와 산유국의 WTO 가입은 에너지 시장의 투명성과 효율성을 높였으나, 전통적인 석유 메이저와 산유국 간의 경쟁 심화와 환경 규제 강화라는 새로운 도전을 가져왔다. 1990년대 이후, 기후변화 대응이 에너지 정책의 핵심 과제로 부상하면서, CCS(탄소 포집·저장), 재생 에너지, 에너지 효율 기술 개발이 본격화되었으며, 이는 오늘날까지도 중요한 에너지 정책 방향으로 이어지고 있다.

미래 에너지의 변화에 중심이 되는 전기화는 에너지 전환의 필수적 요소이지만, 재생 에너지 등 무탄소 발전원의 확충과 전력망 강화, 에너지 저장 기술(ESS)과의 연계가 뒷받침되지 않으면 탄소 배출 감축과 에너지 안보 목표가 충돌할 위험이 있다. 따라서 지정학적 리스크와 에너지 공급의 분절화는 에너지 안보와 새로운 국제 협력 체제 구축의 필요성을 더욱 강조하고 있다.

에너지 시장의 불확실성 극복을 위한 에너지 안보 확보는 탄소 중립 목표를 유지하면서도 단기적으로 국민의 일상 생활에 필수적인 에너지의 안정공급을 담보할 수 있는 균형 있는 전략이 필요하다. 미래 에너지 전략 수립의 기본은 단기적인 목표인 에너지 안보 및 안정적 에너지 공급과 장기적인 목표인 탄소 중립 달성과 새로운 에너지 기술 개발 및 경쟁력 확보 사이에 어떻게 균형을 맞출 것인가 하는 문제가 될 것이다.

저탄소 및 미래형 에너지 전환은 미래 국가 경쟁력과 탄소 중립 실현의 핵심 요소지만, 지정학적 리스크와 국제 에너지 시장의 불확실성이 이의 달성을 어렵게 만들고 있다. 따라서 AI, 빅데이터 기술의 사용과 전기화, 재생 에너지와 수소 경제 기술의 상용화는 에너지 전환의 핵심 동력으로 작용할 것이며 국제 표준이나 기술 사업화를 위한 국제 협력과 상용화를 위한 정책적 지원이 제때 이루어진다면, 한국은 디지털 경제와 에너지 전환 시대의 선도국으로 자리 잡을 수 있다.

미래 에너지 시장은 화석 에너지와 비화석 에너지의 공존 속에서 점진적인 진환을 요구하고 있다. 먼지 재생 에너지 보급 확대, 전기화 대응, 기술 혁신과 국제 협력은 에너지 전환의 성공을 위한 필수 조건이기 때문이다. 또한 탄소 중립과 에너지 안보를 동시에 실현하기 위해 국제 사회의 협력과 정책적 지원이 강화되어야 한다. 한국은 다양한 산업 기술을 활용해 신재생 에너지와 전기화 시대의 소극적 수용이 아닌 전략적 대응을 통해 글로벌 에너지 전환의 선도국으로 자리 잡을 기회를 마련해야 한다.

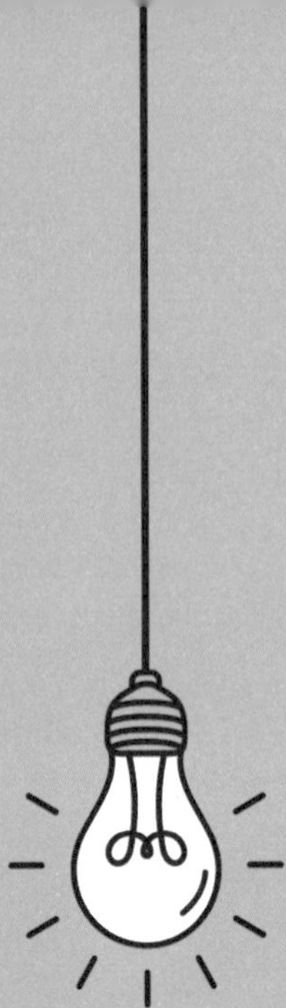

1. 미래 에너지 기술 발전 조건
2. 수소 에너지
3. 소형 모듈형 원자로(SMR)
4. CCS(Carbon Capture and Storage, 탄소 포집 및 저장)
5. 바이오 에너지와 DCR

CHAPTER 02

미래 에너지 기술

1. 미래 에너지 기술 발전 조건

1) 경제성

미래 에너지 기술이 성공적으로 발전하기 위해서는 경제성이 확보되어야 한다. 초기에는 기술 개발과 인프라 구축에 막대한 비용이 소요되지만, 시간이 지나면서 규모의 경제(Scale-up)를 통해 생산 비용이 낮아지고 경제성이 개선될 수 있다.

해상풍력, 수소, SMR(소형 모듈형 원자로)과 같은 기술은 대규모 생산과 대량 공급 체계가 구축될 때 비용이 급격히 낮아질 가능성이 크다. 2010년 대비 2023년 태양광 설치 비용은 85% 하락하고 균등화발전비용(LCOE)이 90%까지 감소한 사례는 미래 에너지 기술이 예상보다 빠르게 경제성을 확보할 수 있음을 시사한다(IRENA, 2024). 2010년대 태양광이 규모의 경제를 갖추고 원자재 및 모듈 비용의 감소와 효율 증가는 태양광의 경제성이 향상되는 핵심 요인으로 꼽힌다. 공급망 완화 및 물류비용의 안정세에 따라 폴리실리콘과 같은 주요 원자재의 가격이 하락하였고, 이는 연쇄적으로 태양전지와 모듈 가격에도 영향을 주었다.

태양광뿐 아니라 풍력, 바이오 에너지 등 다른 재생 에너지 발전 비용도 적게는 14%, 많게는 70%까지 하락하였다. 2010년 대비 지열과 수력의 비용은 상승했지만, 이러한 발전원도 화석 연료 발전 비용을 밑도는 상황이다. 수소 에너지 및 SMR 또한 대량 공급 체계 구축 시 충분한 가격 경쟁력을 갖출 것으로 보인다(그림 2-1 참조).

그림 2.1 2010년 대비 2023년 주요 재생 에너지 LCOE 변화

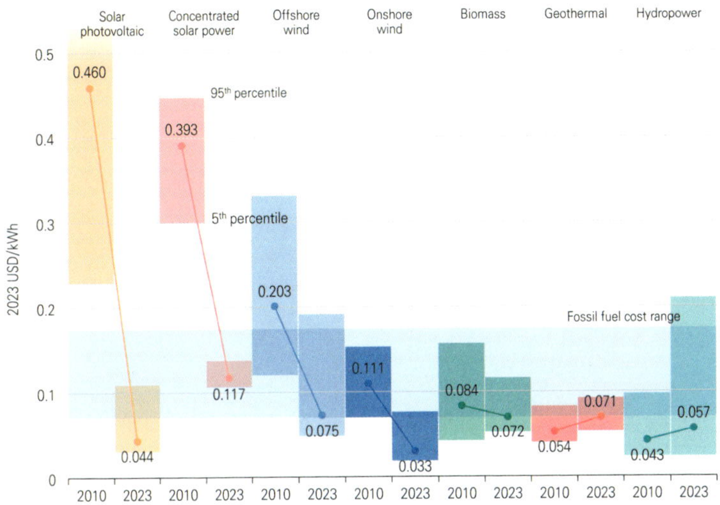

Note: These data are for the year of commissioning. The thick lines are the global weighted average LCOE value derived from the individual plants commissioned in each year. The LCOE is calculated with project-specific installed costs and capacity factors, while the other assumptions, including weighted average cost of capital (WACC), are detailed in Annex I. The grey band represents the fossil fuel-fired power generation cost in 2023, while the bands for each technology and year represent the 5th and 95th percentile bands for renewable projects.

출처: IRENA, 2024

재료 공학(Material Science)과 디지털 기술(AI, IoT, 스마트그리드)의 발전이 미래 에너지 기술의 비용 절감을 가속화할 수 있다. 에너지의 생산, 저장, 소비 등 전체적인 부분에 영향을 미치기 때문이다. 재료공학의 발전으로 고효율·저비용 소재 개발을 통해 비용 절감을 기대할 수 있다. 페로브스카이트 태양전지의 개발은 기존 실리콘 기반의 태양전지보다 제조 공정이 간단하고 원재료 비용이 저렴하여 태양광 발전 비용을 낮출 수 있다. 풍력발전에서도 탄소섬유 복합소재의 적용 시 풍력 터빈 블레이드를 경량화하여 내구성을 높일 수 있어 유지보수 비용을 줄일 수 있다. 에너지 저

장 측면에서도 고체 전해질 배터리는 효율 향상으로 2030년까지 기존 리튬이온 대비 50% 이상 비용 절감이 가능할 것으로 전망된다(MIT Energy Initiative, 2022). 디지털 기술 또한 에너지 효율화를 통한 비용 절감에 도움을 준다. AI, IoT를 통한 전력 수요 예측 및 공급망 최적화, 스마트그리드를 통한 전력의 거래는 효율 향상을 통해 비용 절감에 기여할 수 있다. GE사의 Wind Farm 솔루션은 IoT 센서를 통해 유지보수 비용을 10% 절감했으며 구글은 머신러닝 시스템을 통해 데이터 센터 냉각에 들어가는 비용을 40% 가까이 절약하였다.

수소 생산에 이용되는 재생 에너지 비용 절감, SMR의 모듈화된 제조 방식 도입도 경제성 향상의 중요한 요소다. 현재 재생 에너지의 균등화발전비용(LCOE)이 전통적인 화석 연료 기반 발전원보다 저렴해지고 있어 그린 수소 생산 비용도 2030년을 기점으로 점점 더 저렴해질 전망이다. 기존 백금 기반의 촉매 대신 니켈이나 철을 이용한 저비용 촉매 연료전지 개발은 30% 이상 비용 절감이 가능하다(IEA, 2023).

2) 친환경성

미래 에너지 기술은 탄소 배출 감소와 친환경성을 최우선으로 고려해야 한다. 탄소 중립(Net-Zero) 목표 달성을 위해 에너지 생산·저장·소비의 전 과정에서 환경에 부정적 영향을 최소화하는 것이 중요하다.

풍력, 태양광, 그린 수소, SMR 등 탄소 배출을 최소화하거나 제거하는 기술이 미래 에너지 선택의 중심이 될 것이다. 현재 재생 에너지는 태양광과 풍력을 중심으로 이루어지고 있는데 높은 효율을 가진 그린 수소나 SMR 기술의 상용화가 필요한 상황이다. 특히 수소 에너지는 전력 생산뿐 아니라 운송, 산업 등 다양한 분야에 적용될 수 있는 특징이 있다. 철강, 항공, 선박 등 전력화가 어려운 산업에서 수소에 투자 중이다. 재생 에너지로부터 생산되는 그린 수소는 재생 에너지가 확대됨에 따라 그 공급이 급격히 늘어날 것으로 예상된다. 원자력도 탄소 배출을 최소화하고 전력 생산의 안정성 및 효율성을 높일 수 있어 경제성 측면에서 강점을 지니고 있어 탄소 중립 목표 달성을 위해 필수적이다.

CCS(탄소 포집 및 저장)기술은 기존 화석 연료 기반 산업의 탄소 배출을 줄이는 데 중요한 역할을 할 수 있다. CCS 기술은 화석 연료를 사용하면서 발생하는 이산화탄소를 포집, 대규모로 제거할 수 있는 유일한 수단으로 탄소 중립에 있어 필수적이다. 국제 에너지 기구(IEA)는 2050년까지 이산화탄소 전체 감축량의 15%를 탄소 포집, 활용 및 저장(CCUS) 기술이 기여할 것으로 예측하였다(IEA, 2023).

한편, 재생 에너지와 수소 기술의 융합은 전력망 안정성과 변동성 문제를 해결하는 데 핵심적인 역할을 할 수 있다. 수소를 매개로 한 대용량 에너지 저장, 연료 전지 기술은 이러한 단점을 보완할 수 있는 방법이다. 또한 재생 에너지를 바탕으로 한 그린 수소의 생산은 가장 친환경적인 수소 생산 방법으로 탄소 배출에 가장 크게 기여한다.

3) 사회적 수용성과 안전성

원자력과 같은 민감한 기술의 경우, 정보의 투명성과 지역 주민과의 소통이 필수적이다. 원자력 발전의 운영 현황, 방사선 수치 및 비상 대응 계획을 공개하는 것이 하나의 예가 될 수 있다. 일례로 한수원은 열린 원전 운전 정보를 통해 원전 운영 현황 및 방사선 정보를 실시간으로 제공하고 있다. 지역 주민과 해당 정보를 지속적으로 소통한다면 정보 이해력 향상 및 사회적 수용성을 증대시킬 수 있으며, 비상 상황 발생 시에도 효과적으로 대응하여 피해를 최소화하는데 기여할 수 있다.

수소 인프라 구축 과정에서도 안전 관리 기준을 명확히 하고 대중의 이해를 돕는 교육과 홍보가 필요하다. 수소는 인화성과 폭발성을 가지고 있어 생산, 운송 및 활용까지 전 과정에 걸친 안전 관리가 필수적이다.

미래 에너지 기술이 실현되기 위해서는 기술적 안전성과 환경적 안정성이 확보되어야 한다. 소형 모듈형 원자로(SMR)는 안전성을 강화한 설계와 분산형 전력 공급으로 기존 대형 원자로의 위험성을 줄이는 대안이 될 수 있다. 체르노빌, 후쿠시마 원전사고의 주요 원인은 냉각 실패로 인한 중대 사고 발생이다. 그러나 SMR은 지진, 해일 등과 같은 자연재해로 인한 전력계통 상실에도 중력 및 밀도차 등 자연력을 통한 냉각수 순환을 통해 이러한 중대사고 발생을 원천적으로 차단하여 사고의 발생 가능성을 줄일 수 있다. 이러한 SMR의 안전성 강화는 사회적 수용성을 개선하는데 긍정적인 영향을 미칠 것이다. 이는 산업 단지, 데이터 센터 등 수요지 근처에 건설이 가능하도록 하여 분산형 전원으로서 가치가 높아지는 것을 의미한다.

4) 정책적 지원과 재정적 인센티브

에너지 기술 개발과 상용화 초기 단계에서는 생태계 전반에 보조금, 세액 공제, 저금리 대출 등 재정적 지원이 필요하다. 미래 에너지 기술 혁신은 프로토타입, 실증 및 도입 등을 거치는 통합적인 과정이기 때문이다. 정부의 지원은 민간투자를 유도하고, 자본 집약적인 기술 프로젝트의 투자위험을 줄이고 R&D 단계를 넘어 기술의 상용화, 시장 진입을 촉진하는데 중요한 역할을 한다.

수전해조, 연료전지, 수소 저장, SMR 모듈 생산 설비 등 주요 기술과 인프라에 대한 지원이 필수적이다. 현재 해당 기술들은 기술의 난이도가 크거나 경제성 확보에 시간이 걸리는 차세대 기술이다. 이러한 기술 분야에 대한 조기 상용화 성공 시 탄소 중립에 기여할 뿐만 아니라 핵심기술 조기 상용화에 따른 신시장 패권 선도를 통한 경제성 확보에도 기여할 수 있다.

공공기관의 우선 구매 정책은 초기 시장을 창출하는 중요한 수단이 될 수 있다. 일본과 대만은 그린구입법, 정부구매법을 통해 중앙부처 및 자치단체의 친환경 상품 우선 구매를 촉진하였다(환경부, 2005). 미국은 2018년 공공기관 친환경 차 의무 구매 비율을 50%에서 70%로 상향하고 우편 배달용 이륜차를 소형 전기차로 전환하는 정책 등을 추진하였다(KRLI, 2021). 수소차, 수소 버스, 수소 발전소 등에서 공공 부문이 선도적으로 수소 사용을 확대하고 있다. 미국 캘리포니아주는 대중교통 버스의 무공해 차량 전환 및 수소차 100만 대 도입을 목표로 충전소 설립, 보조금 지원 등의 정책을 추진 중이다. 우리나라도 무공해차 보급 정책, 수소 버스 연료 보조금을 통해 공공기관을 주도로 한 수소 인프라 확장해 노력을 기울이고 있다.

5) 국제 협력과 글로벌 표준화

미래 에너지 기술의 조기 상업화는 국제적 협력과 글로벌 표준화 없이는 불가능하다.

수소와 SMR, CCS 기술 기준의 국제 표준화와 품질 인증이 필수적이다. 일례로 수소의 경우 저온, 고압을 다루는 기술이기 때문에 수소의 저장량 및 상태를 측정하는 방법이 통일되어야 국제 거래가 가능하다. 또한 현재 청정 수소 인증제가 국가별 에너지 정책 방향, 생산여건을 고려하여 각 국가별로 상이하게 진행 중이다. 청정 수소 인증을 위한 전주기 수소 1kg 당 허용 배출량 임계점도 주요 국가별로 상이하다. 예를 들어 독일은 블루 수소와 핑크 수소를 청정 수소에서 제외하였지만 프랑스는 원전 수소(핑크 수소)를 강력하게 지지하고 있다. 기술 확산과 국제 무역의 장애 요소를 줄이기 위해서 표준화가 시급하다.

전 세계적으로 에너지 전환이 가속화됨에 따라 호주, 유럽, 중동, 미국 등 주요 국가와 지역 간 국제 협력이 활발히 이루어지고 있다. 호주의 그린 수소 프로젝트, 유럽의 REPowerEU 정책, 미국의 수소 허브 프로젝트 등은 미래 에너지 기술의 국제적 협력 사례로 주목받고 있다. 호주는 전 세계 수소 프로젝트의 40%에 해당하는 105개의 프로젝트를 보유하고 있으며, 세계 최초로 해상 운송을 통한 액화 수소 수출 시범사업을 일본과 진행하는 등 가격 경쟁력을 확보하기 위해 노력하고 있다(Kotra, 2024). 유럽연합(EU)의 REPowerEU 정책은 러시아-우크라이나 전쟁 이후 에너지 안보 강화를 위해 발표된 전략으로, 러시아산 화석 연료 의존도를 줄이고 재생 에너지 확대를 가속화하는 것을 목표로 한다. 중동 지역에서는 사우디아라비아, UAE, 오만을 중심으로 수소 산업 협력이 활발하게 진행 중이다. 미국 또한 수소 경제 활성화를 위한 대규모 허브 프로젝트를 추진하고 있으며, 이를 통해 수소 생산과 활용 인프라를 구축하고 국제 협력을 강화하고 있다.

6) 융합 기술과 미래 산업 생태계 조성

미래 에너지 기술은 단순히 개별 기술의 발전을 넘어 융합 기술을 활용한 산업 생태계 조성이 필수적이다. 특히 디지털 기술(AI, IoT, 빅데이터)과 재생 에너지, 스마트그리드, 수소 기술이 결합될 때 유연하고 효율적인 에너지 시스템 구축이 가능하다. 따라서 스마트그리드와 전기차 연계(V2G, Vehicle-to-Grid)를 통해 전력망의 균형을 유지하는 기술이나 재생 에너지의 변동성을 보완하는 수소 에너지와 에너지 저장과 같은 복합적인 요소가 미래 에너지 인프라 구축의 핵심이 될 것이다. IEA는 2040년대에 전력망 안정성, 에너지 저장 기술에 대한 투자가 전체 에너지 투자의 40%를 차지할 것으로 전망하고 있다(IEA, 2024).

바이오 에너지와 화학 기술의 결합도 미래 에너지의 주요 요소가 될 수 있다. 에너지 및 환경 바이오 산업을 칭하는 일명 '화이트 바이오'라는 기술이다. 대표적으로 바이오 플라스틱은 분해가 되지 않고 생산 시 이산화탄소를 배출할 수 있는 석유계 플라스틱을 대체할 수 있는 화이트 바이오 산업의 대표적인 예시다.

특히 바이오 연료(Biofuel)는 개도국의 탄소 중립 달성에 중요한 역할을 할 수 있다. 이는 주로 현지에서 생산 가능한 에너지원이기 때문에 에너지 자급률을 높일 수 있다는 장점이 크다. 농업이 주요 산업인 국가인 아프리카(40.9%)와 중남미(56.8%) 지역은 바이오 에너지 생산을 위한 경작 가능 면적이 충분한 지역으로 이 지역에서는 바이오 연료를 활용한 지속 가능한 에너지 공급이 가능할 것으로 전망된다(그림 2-2 참조). 일례로 브라질의 경우, 바이오 연료의 대규모 생산 및 소비국이다. 브라질은 바이오 에탄올만으로 작동할 수 있는 차량을 생산하고 있으며 바이오 에탄올을 기존 연료에 27%까지 혼합할 수 있다(IEA, 2023). 아프리카 및 동남아시아에서도 사탕수수, 팜유와 같은 작물을 통해 바이오 연료를 생산할 수 있다. FAO는 아프리카의 잠재적 바이오 에너지 경작 가능지가 7억 5천만 ha에 달하는 것으로 추정하고 있으며, 2050년에는 바이오 에너지 경작지가 0.25기가 ha에 달할 것으로 예상하고 있다(KEEI, 2011). 더욱이, 개발도상국의 경우 에너지 접근성이 낮은 경우가 많아 에너지 안보가 상대적으로 취약하므로, 바이오 연료 및 바이오기술을 활용한 대체 에너지 개발이 더욱 중요하다.

그림 2.2 전 세계 바이오 에너지 경작가능 면적 전망

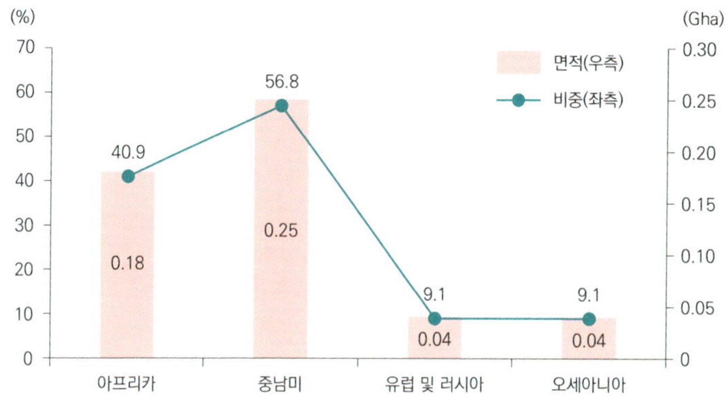

자료: Doornbosch & Steenblick(2007), Biofuels: Is the cure worse than the disease? OECD.

출처: KEEI, 2011

동남아시아의 경우 인도네시아가 대표적 사례에 속한다. 인도네시아는 세계 3위에 달하는 바이오 연료 생산국이며 바이오 디젤의 경우 2021년에는 8억 9800만 kl를 생산, 2020년부터 B30 정책을 통해 디젤 연료의 30%를 바이오 디젤로 대체하는 정책을 추진 중이다. 바이오 디젤 사용을 통한 경제적 이익은 2020년 44억 달러에 달한다(Kotra, 2022).

2. 수소 에너지

1) 수소 에너지의 필요성

수소 에너지는 자원 고갈 문제가 없고, 기후 변화 대응과 에

너지 분산화에 장점을 가진 새로운 에너지원으로 평가받고 있다. 이러한 특성 덕분에 미래 에너지 시장에서 게임 체인저(Game Changer) 역할을 할 것으로 기대하고 있다. 미국 에너지부는 수소를 '스위스 아미 나이프'에 비유하며 다목적 에너지원으로 강조하고 있다. 유럽에서는 '에너지 문제 해결의 만능 키(Silver Bullet)'로 평가한다.

이런 이유로 수소는 탄소 중립 목표를 실현하기 위한 핵심 에너지원이다. 수소를 태양광, 풍력, 원자력과 같은 무탄소 에너지를 활용해 생산하는 청정 수소는 탄소 배출 없이 사용될 수 있으며, 에너지를 생산하는 과정에서 부산물로 물만 방출된다. 이러한 특성 덕분에 수소는 철강, 시멘트, 석유화학 등 탄소 배출이 많은 산업 공정을 친환경적인 공정으로 전환할 수 있도록 돕는다. 또한, 장거리 운송(트럭, 선박, 항공) 및 대규모 열이 필요하여 전력으로 대체하기 어려운 부문에서도 수소의 활용이 가능하다.

수소는 무한한 자원으로 안정적인 에너지 공급을 보장할 수 있는 해결책이 될 수 있다. 수소는 우주에서 가장 풍부한 원소로, 전력뿐만 아니라 수소 차량, 선박, 난방 산업 등 다양한 분야에서 활용될 수 있어 화석 연료에 대한 의존도를 줄이는 데 중요한 역할을 한다.

기존 에너지는 중앙 집중식 대량 생산 및 공급 방식을 따르지만, 수소는 분산형 에너지 시스템에 적합한 특징을 가진다. 재생에너지와의 연계성이 뛰어나 태양광이나 풍력 발전 시스템에서 발생하는 잉여 전력을 활용해 수소를 생산하고 저장함으로써 재생 에너지 공급의 안정성을 높일 수 있다. 수소는 대용량 및 장기 저장이 가능하여 저장 시간이 제한되는 배터리의 단점을 보완할 수 있으며, P2G(Power-to-Gas) 기술을 활용하여 연료전지 발전, 가스터빈, 수소차 연료 등 다양한 방식으로 활용할 수 있는 유연성을 갖춘다.

국제 에너지 기구(IEA) 등 주요 기관들은 2050년 탄소 중립 목표를 달성하기 위해 수소가 주요 에너지원이 될 것으로 전망하고 있다. 재생 에너지 기술 발전과 대규모 상용화가 이루어지면서 그린 수소의 생산 비용이 $1.5~3.5/kg로 하락할 것으로 예상되기 때문이다(IEA, 2021). 그러나 수소가 모든 화석 연료를 완전히 대체하기보다는 재생 에너지, 에너지 효율 개선, 바이오 에너지, CCS(탄소포집저장) 등과 함께 복합적으로 활용될 가능성이 크다.

2) 수소 생산 기술과 경제성

수소는 생산 방식에 따라 그린 수소, 블루 수소, 핑크 수소, 청록 수소 등으로 구분되며, 각각 기술적 특성과 경제성에서 차이가 있다. 이 기술의 발전 가능성과 한계, 각 기술의 현실적 적용 방안은 다음과 같다.

그린 수소는 재생 에너지 전력을 이용한 수전해 기술로 생산되며, 궁극적으로 탄소 배출이 없는 청정 수소다. 그러나 현재 재생 에너지 단가와 수전해 설비 비용이 높아 경제성을 확보하지 못하고 있다. 그러나 2030년대까지 기술 발전과 규모의 경제가 달성된다면 경제성이 개선될 수 있다. 실제 그린 수소는 대규모 수소 생산 프로젝트에 따라 생산비용이 지속적으로 하락할 것으로 보여 2030년 대부분의 국가에서 블루 수소 보다 저렴한 비용으로 생산이 가능할 것으로 추정하고 있다(KEEI, 2021).

블루 수소는 화석 연료(대표적으로 천연가스)에서 탄소 포집 기술(CCUS)을 결합해 생산하며, 현재 가장 현실적인 대안으로 평가받고 있다. 화석 연료를 사용하여 수소를 생산하는 과정에서 탄소를 포집하여 대기 중으로 배출하지 않는 방식이기 때문에 현재 일반적으로 사용 중인 화석 연료 기반 수소(그레이 수소)와 비교해 이산화탄소 배출량을 90% 이상까지 줄일 수 있다.

핑크 수소는 원자력 기반 전력을 이용해 수소를 생산하는 방식이다. 안정적인 전력 공급이 가능하고, 탄소 배출이 적다는 장점이 있어 재생 에너지 인프라가 취약한 상황에서 그린 수소 생산 및 인프라 확충까지 가기 위한 중간 단계의 에너지로 주목받고 있다. 이미 갖춰진 원전 인프라를 활용하여 수소 생산이 가능하며 1GW 원전에서는 연간 20만 톤의 핑크 수소 생산이 가능하다.

청록 수소는 고온 열분해 기술을 사용해 메탄을 분해해 수소를 생산하며, 이 과정에서 고체 탄소가 생성된다. 열분해 과정에서 이산화탄소 배출이 거의 없어 블루 수소의 단점을 보완했으며, 생성된 고체 탄소는 카본 블랙, 탄소나노튜브, 그래핀 등의 부가가치를 창출하는 탄소 소재로 활용이 가능하다.

그린 수소가 궁극적인 목표로 평가되지만 경제성과 생산 효율성의 한계가 있으며, 재생 에너지 단가 인하와 수전해 기술 발전이 동반되어야 한다. 정부의 재정 지원, 세제 혜택, R&D 투자 확대가 경제성 확보의 필수 조건이다.

현재 그린 수소의 생산비용은 국가별로 차이가 있지만 1kg당 $3~10 수준에 머물러있다. 하지만 재생 에너지 발전단가 하락, 전해조(PEM, ALK, SOEC) 기술 발전, 대규모 전기분해 플랜트 도입을 통한 규모의 경제 실현 등으로 인해 꾸준하게 가격이 하락할 것으로 전망된다. 2030년경 그린 수소의 가격은 $2~4/kg, 2050년경에는 $1/kg 수준까지 떨어질 것으로 전망된다. 온실가스 배출에 따른 탄소세 및 배출권 가격 고려 시 경제성 추가 상승을 통한 그린 수소 시장 활성화를 앞당길 수 있다(KISTI, 2021).

3) 수소 인프라 구축

수소 경제 활성화를 위해서는 수소 생산·저장·이송·활용 전반의 인프라 구축과 이에 대한 정부의 정책적 지원이 필수적이다.

기존의 천연가스 배관망 및 기존 발전 설비를 수소 기반 인프라로 전환할 수 있으면 수소 인프라 구축 시 초기 투자 비용을 절감할 수 있는 효과적인 방법이다. 실제로 유럽은 2030년까지 31,000km의 수소 배관망을 구축할 예정이며, 이 중 60%를 기존 천연가스 배관망을 전환하여 사용할 계획이다(IEA, 2024).

액화 수소 플랜트, 수소 저장소, 수소 충전소 등이 수소 인프라 구축에 필수적인 요소다. 수소 저장소는 수소의 생산과 소비의 시간적 차이를 조절하여 수급 안정성에 기여하며 액화 수소 플랜트는 수소를 액화 상태로 저장하고 운송하기 위한 중요 시설이다.

액화 수소는 기체 수소보다 부피가 작아 동일 공간 대비 8배 더 많은 수소를 저장할 수 있다. 수소 충전소는 수소차의 보급 활성화를 위해서 꼭 필요한 요소다. 일례로 수소 충전소가 없는 경기도 북부 지역의 수소차 보급률은 경기도 전체의 12%(238대)에 불과하지만, 경남 지역 수소 충전소의 75%가 설치된 창원시는 경남 전체 수소차의 75%를 차지하고 있다.

수소는 액화 상태로 전환하면 운반과 보관이 더욱 편리해지는 장점이 있다. 액화 수소는 기체 상태보다 부피가 800분의 1로 줄어들어 효율적인 저장과 수송이 가능하기 때문이다. 일본은 HySTRA를 중심으로 세계 최초의 액화 수소 장거리 해상 수송 실증 사업을 성공적으로 수행했으며, 2023년 호주에서 생산된 수소를 액화하여 운반선을 통해 일본 수소 인수기지까지 안전하게 하역하는 데 성공했다. 이를 통해 일본은 국제 액화 수소 공급망 구축의 실현 가능성을 입증했으며, 2030년까지 실증 사업 규모를 확대해 상용화를 추진할 계획이다(NIGT, 2023). 또한, 잉여 에너지를 활용한 수소 생산과 수소 연료 전지 기술은 재생 에너지의 간헐성을 보완하는 역할을 하며, 전력망 안정화뿐만 아니라 전력·열·수소가 통합된 에너지 네트워크 구축에도 기여할 수 있다.

정부의 보조금 및 세제 혜택은 전해조, 수소 터빈, 연료전지 등 수소 관련 핵심 기술의 연구개발을 촉진하고, 액화 수소 플랜트 및 파이프라인 등 대형 인프라 구축을 위해 필수적이다. 이러한 지원에는 저금리 융자, 직접 보조금 지급 등이 포함될 수 있으며, 이를 통해 관련 산업의 성장을 가속화할 수 있다. [그림 2-3]에서

그림 2.3 주요 지역 및 수소기술 부문별 국제 특허 점유율 및 기술 우위

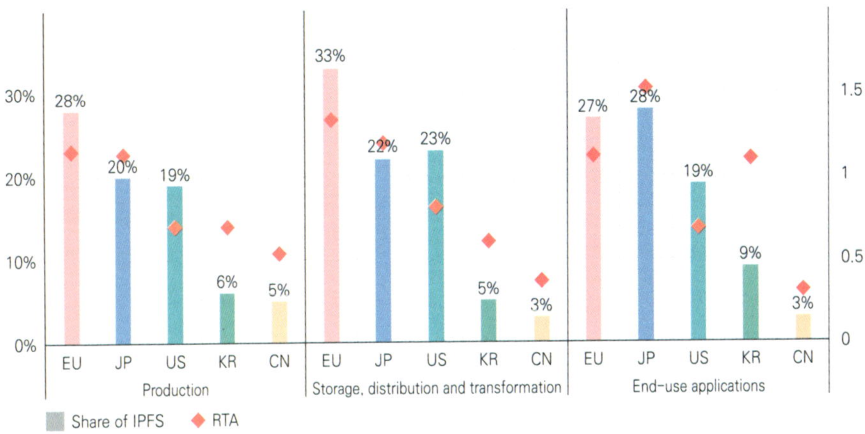

출처: IEA, 2023

보이듯 수소 관련 국제 특허(IPFs) 출원이 활발한 국가는 EU, 일본, 미국 등으로, 이들 대부분은 정부 주도의 강력한 R&D 지원 정책을 시행하고 있다. EU는 이노베이션 펀드를 통해 적극적인 재정 지원을 하고 있으며 일본과 미국 역시 선제적인 기술 개발 투자로 경쟁력을 확보하고 있다. 특히 '저장·유통 및 전환 기술' 부문에서 EU는 전체 특허의 33%, 일본은 22%, 미국은 23%를 차지하고 있으며, 이는 정부의 R&D 예산 규모가 클수록 특허 등록 건수도 높은 경향을 보인다는 점을 시사한다. 따라서 기술 선점을 통한 시장 주도를 위해 정책적 지원이 필수적이다.

탄소 가격 정책도 중요한 요소로 작용한다. 탄소세 및 배출권 거래제(ETS)를 통해 화석 연료 기반 수소(그레이 수소) 생산에 비용

부담을 부과하면, 상대적으로 청정 수소(그린 수소)의 경제성이 향상될 수 있다. 그레이 수소는 생산 과정에서 많은 양의 이산화탄소를 배출하므로, 탄소세나 ETS를 통해 상대적으로 생산 비용이 증가하게 된다.

산업 및 발전 부문에서 일정 비율 이상의 그린 수소 사용을 의무화하는 것은 청정 에너지 전환을 위한 핵심 전략이다. EU는 유럽그린딜(European Green Deal)을 통해 수소를 핵심 우선 분야로 지정하고, 저탄소 배출 공정 및 수소를 활용한 제품의 수요 확대를 추진하고 있다. 한국도 2024년부터 청정 수소발전 입찰시장을 개설하여 발전 부문에서의 청정 수소 사용을 확대하고 있다(KIAT, 2020). 2030년 기준 우리나라의 수소-암모니아 혼소 발전에 따른 청정 수소 수요량은 연간 80만 톤에 이를 것으로 전망된다.

공공기관이 선도적으로 수소 버스와 수소차 등을 도입하여 시장 확대를 유도하는 방안도 효과적이다. 한국의 경우, 통근용 수소 버스 도입을 확대하고 있으며, 2024년에는 1,044대의 수소 버스를 보급하여 전년 대비 2.8배 증가했다. 한국 정부는 2024년부터 공공기관의 신규 차량 80%, 2026년부터는 100%를 무공해 차량으로 전환하는 것을 목표로 하고 있다. 이를 통해 친환경 수송 수단의 도입을 가속화하고, 수소 경제 활성화를 촉진하는 정책적 기반을 마련하고 있다.

4) 글로벌 수소 경제 동향

수소 경제가 정착하려면 국제 협력과 글로벌 표준화가 중요하다. 전 세계 주요국들은 수소 관련 기술 및 산업에 적극 투자 중이며 미국, 호주, 중동 등의 국가들이 다양한 수소 정책을 시행하고 있다. 주요 국가의 수소 전략 사례를 보면 EU는 2030년까지 2천만 톤의 청정 수소를 확보할 계획이며, 1천만 톤은 국내 생산 나머지 1천만 톤은 해외 수입을 통해 공급할 예정이다. 수소 생산 보조금과 차액 보전 제도를 통해 초기 비용을 지원한다.

호주는 2030년까지 연간 최소 0.2Mt의 수소를 수출하고 아시아 및 인도 태평양 지역의 주요 수소 수출국이 되는 것을 목표로 하고 있다. 이를 위해 대규모 그린 수소 생산 프로젝트를 추진하며, 일본과 한국으로의 수출을 모색하고 있다. 특히 뉴사우스웨일스(NSW), 서호주 등에서 수소 허브 프로젝트를 진행하며, 정부는 이들 지역의 3개 수소 허브에 약 1,400억 원을 투자할 계획이다. 또한, 2030년까지 300조 원 규모의 수소 프로젝트 파이프라인을 구축하고 일본, 한국, 독일 등과 협력하여 글로벌 수소 교역의 중심지가 되려 하고 있다(Australian Government, 2024).

중동 국가들은 재생 에너지 기반의 그린 암모니아 생산을 통해 유럽 시장 진출을 계획하고 있다. 사우디아라비아는 NEOM Green Ammonia 프로젝트를 통해 세계 최대 규모(연간 120만 톤)의 그린 암모니아 플랜트 건설을 추진하고 있으며, 이를 통해 유럽 시장에 수출할 계획이다. 오만은 2040년까지 수소 중심 경제 건설을 목표로 하며, 6개 지역에서 대규모 그린 수소 프로젝트를 진행하고 있다. 이 프로젝트가 완료되면 중동 내 그린 암모니아 생산량의 상당 부분을 차지할 것으로 예상된다. UAE는 재생 에너지 개발을 가장 적극적으로 추진하는 중동 국가로, 정부는 수소 리더십 로드맵을 통해 2030년까지 세계 청정 수소 시장 점유율 25%를 달성할 목표를 세웠으며, 이탈리아, 독일, 한국 등과 연구 협약 및 파트너십을 구축하고 있다(한국수출입은행, 2022).

일본은 2017년 세계 최초로 '수소 기본 전략'을 수립하고, 2040년까지 1,200만 톤, 2050년까지 2,000만 톤의 수소를 공급하는 것을 목표로 하고 있다. 또한, 2050년까지 수소 가격을 Nm³당 20엔 수준으로 인하하고 국내외 일본 기업의 수전해 장치 도입을 확대할 계획이다(KISTEP, 2024). 2020년 도쿄올림픽에서는 수소 도시 모델을 적용하여 성화대 및 성화 봉송 토치에 수소를 사용하고, 선수촌 에너지원으로 후쿠시마에서 생산된 그린 수소를 활용하였다. 또한, 수소 연료 전지 자동차와 수소 버스를 대량 보급하여 수소 기반 교통 인프라를 실증하는 기회로 활용했다.

중국은 수소차 보급 확대를 주요 전략으로 추진하고 있으며, 2025년까지 수소차 5만 대, 2030년까지 100만 대 보급을 목표로 하고 있다. 중국 정부는 '중국제조 2025', '에너지기술혁명혁신행동계획(2016–2030)' 등 국가 최고위급 정책에서 수소 전기차를 중점 육성 산업으로 지정하였으며, 특히 버스와 트럭 등 상용차를 중심으로 시장을 발전시키고 있다(인천연구원, 2018).

또한 미국, EU, 영국, 독일 등 주요국들은 수소 경제 활성화를 위해 다양한 지원 정책을 추진하고 있다. 미국은 IRA(인플레이션 감축법)를 통해 국내 생산 수소와 CCS(Carbon Capture and Storage)에 대한 세액 공제를 제공하며, 총 160억 달러 규모의 지원을 계획하고 있다. 또한, 전국적인 수소 허브 네트워크 구축을 위해 5년간 95억 달러를 투자하여 인프라 확충을 추진하고 있다. EU는 수소 운송과 생산 시설에 대한 대규모 투자 지원을 통해 10년간 21억 유로를 투입할 계획이며, 이를 통해 추가적인 설비 구축을 장려하고 있다. 영국은 차액계약지원제도(CfD)를 도입하여 시장 가격과의 차액을 보상하며, 15년간 20억 파운드를 지원할 예정이다. 또한, UK−ETS(배출권 거래제)에서 수소 부과금을 면제하고 공공 인프라 지원을 강화하여 수소 산업 성장을 촉진하고 있다. 독일은 H2Global 프로젝트를 통해 수입 수소의 가격 안정성을 보장하고, 10년간 고정 가격 보장을 통해 지속적인 수소 도입을 유도하고 있다. 또한, 탄소저감계약(CCfD)을 통해 공장 탈탄소화와 관련된 추가 비용을 보조하며, 최초 40억 유로 규모의 지원을 계획하고 있다. 특히, 2038년까지 석탄 발전을 폐지하고, 대규모 수소 인프라를 구축하여 친환경 에너지 전환을 가속화할 방침이다. 이처럼 주요국들은 세액 공제, 인프라 투자, 가격 보조, 탄소 저감 지원 등의 정책을 시행하며 수소 경제 활성화를 적극적으로 추진하고 있으며, 이를 통해 글로벌 에너지 전환과 산업 경쟁력 강화를 도모하고 있다(표 2−1 참조).

5) 수소 에너지의 도전 과제

수소 에너지는 미래 전기화 사회의 핵심 에너지원으로 자리 잡을 것이나 경제성 확보와 기술적 장벽은 여전히 수소 경제 발전을 저해하고 있다.

표 2.1 수소 관련 주요국 지원제도 사례

구분	주요 지원제도	지원 규모	비고
일본	기존 연료와의 가격 차이를 고려한 지원	15년간 총 3조 엔	일정 규모 이상 수소 공급사업자에 권고 · 명령
미국	IRA, 국내 생산 수소 및 CCS에 대한 세액공제	총 160억 달러	- IRA 그린 수소 요건 검토 - 연료공급 사업자 대상 탄소집약도를 낮추는 규제
	초당적 인프라법, 전국적인 수소 허브 네트워크 구축	5년간 95억 달러	
EU	수소 은행, 그린 수소 생산에 대한 고정 보조금	EU 역내 수소제조 10년간 지원	그린 수소 생산을 위한 추가적인 설비 요구
영국	차액계약제(CfD), 시장가격과의 차액 보상	15년간 총 20억 파운드	- UK-ETS 신설(EU-ETS 독립) - 가스 사업자에 수소 부담금 부과 - 영국판 탄소국경제도 도입
	설비투자 지원	총 2.4억 파운드	
독일	H2Global 프로젝트, 그린 수소의 국외생산 및 수입	수입 수소 10년간 고정가격 매입	- 석탄 화력 '38년까지 점진적 폐지 - 대규모 신설/개보수 화력 발전은 H_2 Ready (수소 적합성) 의무화 검토
	탄소차액계약제(CCfD), 공장의 탈탄소화 관련 추가 비용 보조	최초 입찰 40억 유로	

출처: KISTEP, 2024

수소 경제의 경제성을 확보하기 위해서는 수소 생산 비용 절감 및 저장·운송 기술 개선이 필수적이다. 현재 그린 수소 생산 비용은 재생 에너지 비용과 수전해 설비 비용이 가장 큰 비중을 차지하고 있으며, 낮은 수준의 재생 에너지 비용과 함께 설치비를 절감할 수 있는 기술 개발이 병행된다면 2040년까지 그린 수소 생산비용을 80%까지 낮출 것으로 전망한다(IRENA, 2020). 또한, 수소는 낮은 에너지 밀도를 가지고 있어 고압가스나 액체 형태로 저장·운송되어야 하는데, 이를 위해서는 높은 압력과 극저온 환경이 필요하며 상당한 에너지가 소모된다. 따라서 수소의 순도를 유지하고, 운송 중 누출을 방지하여 안정성을 확보하는 저장·운송 기술 개발이 필수적이다. 기존의 파이프라인을 통한 기체 운송량 증대, 수소 액화 및 압축 기술 개발은 저장·운송 비용 절감을 위한 대표적인 기술이다.

대규모 생산과 인프라 확충을 통해 경제적 규모를 확보하는 것도 중요한 과제이다. 수전해 모듈 크기와 효율성, 내구성을 높이거나, 수전해 설비에 필요한 핵심 광물 자원의 확보 및 대체광물 기술의 개발이 중요하다. 실제로 IRENA(2020)는 수전해 모듈의 크기가 1MW에서 20MW로 증가할 경우 비용을 1/3 이상 줄일 수 있다고 보고한 바 있다.

수소 경제의 발전을 위해 국제 협력과 표준화도 필수적이다. 수소 품질 및 안전 기준을 확립하는 것은 관련 산업의 발전을 촉진하는 중요한 요소이다. 예를 들어, 수소 저장 배관에 사용되는 금속 소재는 수소가 스며들면 금속의 성질이 변형되는 '수소 취성' 현상이 금속의 강도를 약화하고 사고 위험을 증가시키는 문제를 초래할 수 있다. 따라서, 소재의 안전성을 검증할 수 있는 품질 및 안전 기준을 확립하는 것이 기술의 안전성을 보장하고 관련 산업 발전을 지원하는 데 필수적이다.

청정 수소 생산의 탄소 배출 추적 및 인증 시스템(Guarantee of Origin)을 도입하는 것도 중요하다. EU는 CertifHy 수소 인증제도를 통해 수소 생산과정에서 발생하는 온실가스를 추적하고, 이를 기반으로 그린 수소와 저탄소 수소를 구분하여 인증을 부여하고 있다. 수소 생산 과정에 전체 탄소 배출량을 산정하고, 일정 기준 이하로 배출량을 낮춘 경우에만 친환경 수소로 인정하는 방식이다(KEEI, 2019).

최근 들어 지구 내부에서 자연적으로 생성되어 축적된 순수한 수소가 아프리카, 유럽, 미국, 호주 등지에서 발견되었는데 이를 화이트 수소 또는 골드 수소라고 불리고 있다. 특히 아프리카 말리에서 자연적으로 분출되는 화이트 수소가 발견되었는데 대량 생산과 채굴이 가능하다면 인류의 에너지 문제를 해결하는 중요한 열쇠가 될 것으로 기대된다.

3. 소형 모듈형 원자로(SMR)

소형 모듈형 원자로(SMR)는 기존 대형 원전의 한계를 극복할 수 있는 혁신적인 기술로 평가받고 있다. 안전성, 유연성, 경제성과 함께, 분산형 전력으로 활용할 수 있는 다양한 장점을 가지고 있다. 기술적 특징, 경제성, 정책적 지원, 국제적 협력을 중심으로 한 SMR의 가능성과 과제는 다음과 같다.

1) SMR의 기술적 특징과 장점

SMR은 소형화된 모듈 설계와 유연한 운영 방식을 특징으로 하며, 에너지 시스템의 분산화와 안전성 향상에 기여할 수 있다. SMR

은 공장에서 제작된 모듈을 현장에서 조립하는 방식으로, 건설 기간을 단축하는 구조적 장점이 있다. 대형 원전이 평균 6-12년의 건설 기간이 걸리는 반면 SMR은 3-5년까지 그 기간을 줄일 수 있다. 특히 작은 크기와 모듈식 설계로 인해 원자로를 다양한 위치에 설치할 수 있다. 현재의 대형 원전은 많은 냉각수가 필요하여 바다와 같이 물 근처에 건설해야 하는데 SMR은 물 공급이 제한된 곳에서도 설치할 수 있다는 장점이 있다.[5)]

기존 대형 원전은 출력 조정이 어려운 반면, SMR은 부하 추종(Flexible Load Following)이 가능해 전력 수요 변화에 맞춰 유연하게 대응할 수 있다. 이러한 부하 추종 방식은 재생 에너지와의 조화를 극대화할 수 있다. 변동성이 큰 재생 에너지의 간헐성을 보완하고 안정적인 전력 공급에 기여할 수 있기 때문이다. SMR의 유연성은 전력뿐 아니라 열에너지를 활용한 해수 담수화, 수소 생산 등 다양한 비전력 분야에서도 활용될 수 있다는 장점이 있다.

SMR은 작은 크기와 모듈식 설계로 인해 수요지 근처에 소규모로 설치할 수 있어 송전망 구축 비용을 줄이고 에너지 손실을 최소화할 수 있다. 제어계통이 단순하며 탄력적인 운전에 최적화되어 있어서 특히 도서 지역, 원격지, 산업 단지에서 적합한 에너지 공급 방식으로 주목받고 있다. 새로 조성되는 신도시나 산업 단지에서는 전력 및 열 공급, 데이터 센터 운영 등에 활용될 수 있다.

---

5) https://www.energy.gov/ne/benefits-small-modular-reactors-smrs

SMR은 자연 순환 냉각 시스템과 일체형 설계(Integral Design)를 통해 피동적(passive) 안전성을 확보하여 기존 대형 원전보다 사고 발생 위험을 줄일 수 있다. 자연순환 냉각시스템은 중력 및 밀도 차이를 이용하여 냉각재를 순환시키는 방식이다. 외부 전력 없이 냉각을 유지할 수 있어 기존 원자로보다 안전성이 향상된다는 점이 특징이다. 자연순환 방식은 특히 정전 및 비상 상황에서도 작동할 수 있도록 설계되어 현재 다양한 SMR에 적용 중이다. 일체형 설계 디자인은 원자로 압력용기 내 증기발생기, 냉각재 펌프 등 주요 구성 요소를 통합하여 외부 배관을 최소화하는 설계방식이다. 배관이 줄어들면서 냉각재 누출 위험이 감소하고 복잡한 냉각 시스템의 단순화가 가능하다.

작은 출력과 지하 설치 방식은 외부 충격에도 높은 내구성을 보장한다. 300MW 이하의 SMR은 기존 1,000MW 이상의 대형 원자로보다 출력이 작아 방사능 유출의 안전성이 향상되며, SMR의 지하 설치는 이러한 안전성을 한층 더 강화할 수 있는 방식이다. 먼저 폭격이나 미사일 공격과 같은 군사적 공격으로부터 구조적 안정성을 제공할 수 있다. 이는 지난 러시아-우크라이나 전쟁 중 자포리자 원전 공격 사례를 통해 원자로 보호의 중요성이 더 강조되었다. SMR의 지하 설치는 자연재해에도 안정성을 강화할 수 있다. 일반적으로 지하구조물은 지진 시 진동이 지표면보다 약하여 내구성이 우수하다. 지하에 백업 전력을 배치한다면 홍수로 인한 침수 피해를 방지하고 원자로 냉각 기능을 유지할 수 있다. 마지막으로 지하 설치와 함께 지하 배관을 함께 설치한다면 방사능 유출도 최소화한 설계가 가능하다(Chew, Zhou, 2024).

기존 대형 원전이 단일 대형 설비에 의존하는 것과 달리, SMR은 다수의 소형 원자로를 병렬로 배치해 단계적으로 확장할 수 있다. 이는 전력 공급의 유연성을 크게 향상시킨다. 단일 설비에 의존하는 대형 원전은 사고 발생 시 전체 가동이 중단될 위험이 크지만, SMR은 모듈이 독립적으로 운영될 수 있어 한 모듈이 정비 중이더라도 나머지 모듈이 가동되어 전력 공급 안정성이 향상되기 때문이다. 이러한 방식을 '멀티 모듈'이라고 부른다. 현재 미국의 NuScale Power의 SMR은 최대 12개를 멀티 모듈 방식으로 설치할 수 있어 개별 77MWe의 출력을 내 최대 924MWe까지 발전이 가능하다(SMR Nuclear Technology Pty Ltd, 2021). 이는 대형 원전과 비슷한 용량을 확보할 수 있다는 의미다.

2) 경제성

SMR의 경제성은 모듈화된 생산 방식, 짧은 건설 기간, 낮은 초기 자본비용에서 비롯된다. SMR은 건설 사업이 중심인 대형 원전과 달리 제조업에 가까운 산업 구조를 형성할 수 있다. 예를 들어 혁신형 SMR 4개의 모듈 건설 시 48,000개의 밸브와 1,200개 이상의 기계 부품이 필요하다. 이는 소재 및 기자재 산업의 활성화를 촉진하고 관련 산업의 성장을 이끌 수 있다(KEEI, 2024). 이러한 부품들은 공장에서 모듈을 대량 생산해 현장에서 조립함으로써 비용 절감과 생산 효율성을 확보할 수 있다. 특히 제조업 강국인 한국은 SMR을 통해 산업 경쟁력 강화, 일자리 창출, 경제 성장 동력 확보라는 부수적 효과도 기대할 수 있다. 비슷한 사례로 미국 DOE는 100MW의 SMR 건설 시 약 7,000개의 일자리를 창출할 수 있으며 운영 시에는 375개의 일자리가 유지된다고 전망하였다.[6] 경제적 파급효과의 측면에서 SMR은 고임금 일자리 제공에도 기여할 수 있다. 미국 인디애나 퍼듀 대학교의 연구에 따르면 SMR 관련 일자리가 석탄 발전소보다 18% 더 높은 임금을 제공할 수 있고 이는 비슷한 규모의 석탄 발전소의 두배에 해당한다.

건설 기간이 2~3년으로 단축되어 기존 대형 원전의 10년 이상 소요되는 프로젝트에 비해 건설리스크가 낮다. 모듈화된 공정, 소형화 및 단순화된 설계로 인한 절차의 간소화 덕분이다. 이러한 모듈식 설계는 단계별 자금 조달 모델을 가능하게 하여 민간 자금 조달을 용이하게 한다. 이는 자본 비용을 줄이고 리스크를 분산하는데 기여한다.

상용화 초기 단계에서 파일럿 플랜트를 구축해 기술 검증과 경제성 평가가 필요하다. 핀란드, 미국, 캐나다 등이 다양한 SMR 플랜트를 통해 운영 특성을 테스트하고, 실제 플랜트 건설을 위한 공급망 구축에 투자하고 있다. 정부의 초기 자금 지원과 연관기업들의 협력이 뒷받침돼야 한다.

---

6) https://www.energy.gov/ne/benefits-small-modular-reactors-smrs

3) SMR과 재생 에너지를 결합한 하이브리드 에너지 시스템

SMR은 태양광, 풍력의 간헐성 문제를 보완하여 기저부하 역할을 수행한다. 대형 석탄 발전소와 원전과 같이 전력 출력을 빠르게 변경할 수 없는 발전소를 기저부하 발전소라고 불렀지만, 재생에너지를 중심으로 한 신규 발전소가 늘어나면 SMR을 통한 유연대응을 통해 기저부하 수요를 충족할 수 있게 된다. SMR이 전력망과 효과적으로 연계되기 위해서는 실시간 출력 조절 시스템이 필요하여 스마트그리드나 에너지 저장 시스템(ESS)와의 연계 구축이 중요하다. 특히 SMR은 분산형 전원으로 운영될 가능성이 높기 때문에 재생 에너지와의 조합이나 ESS를 활용한 전력 저장 및 부하조절이 필요하다(PwC, 2024). SMR과 재생 에너지 설비 규모를 유연하게 조정하고 원거리 지역, 도서 지역에서 독립형 마이크로 그리드 구축이 가능하다는 점은 SMR의 장점이 될 수 있다. UIUC의 연구에서는 SMR과 마이크로 그리드가 60% 이상의 탄소 배출 감소 효과를 보여준 것으로 나타났다(DOE, 2025).

SMR의 부하추종(load-following)은 통합 전력망의 주파수·전압 조정에 기여하여 수요에 맞는 생산량 조절을 통한 전력 수급 안정성 유지에 도움을 준다. 일례로 SMR의 자동 발전 제어(AGC) 기술은 전력망의 주파수 변화를 감지하여 전력 생산을 조절할 수 있다(장충구, Harold, 2022).

그러나, SMR은 아직 상용화 초기 단계로 설계 인증 및 건설 사례는 부족하다. 미국의 NuScale사의 첫 SMR 건설비용이 예상보다 증가하여 2023년 사업이 무산되었다. 대량 생산 전까지 비용이 예상을 초과할 가능성이 존재하는데, 경제성 확보를 위해서는 대량 생산이 필수적이다. 모듈형 설계를 통한 공장 생산 방식의 적용이 SMR의 비용을 줄이는데 중요하다(PwC, 2024).

SMR은 단독으로 운용되기보다 배터리 저장장치(ESS), 수소 생산·저장 설비와 함께 사용될 가능성이 높다. SMR은 기존 대형 원전에 맞춰진 규제와 달리 새로운 인증 및 검증 과정이 필요하다. 모듈식 설계, 다목적 활용, 안전 시스템 등 기존 원전과 다른 설치 및 운영 방식이기 때문이다. 미국의 NuScale사도 첫 SMR 건설 시 원자로 냉각재계통 배기, 격납건물 누설률, 가연성 기체 제어 등에 대한 규제 개선 등이 필요했다(KINS, 2022).

4) 정책적 지원과 규제 개선

소형 모듈 원자로(SMR)의 성공적인 상용화를 위해서는 정부의 지원과 규제 개선이 필수적이다. 기존 대형 원전과 달리 SMR은 설계와 운영 방식이 다르기 때문에 기존 규제를 그대로 적용하면 도입이 어려워질 수 있다. 이를 해결하기 위해 미국은 9억 달러 규모의 지원과 규제 간소화 법안을 마련했으며, 한국도 2023~2028년 동안 3,992억 원을 투자해 표준설계 인가를 추진하고 있다(NIGT, 2024). 또한, 조세특례제한법 개정을 통해 SMR 관련 기술에 대한 세액 공제 혜택을 제공하고 있다(PwC, 2024).

그러나 단순한 재정 지원만으로는 충분하지 않다. 기존 원자력 규제는 대형 원전을 기준으로 설계되어 있어, SMR의 특성을 반영한 맞춤형 규제 프레임워크가 필요하다. 미국은 '원자력 혁신 및 현대화법(NEIMA)'을 통해 SMR 전용 인허가 절차를 마련했고, IAEA와 OECD/NEA도 국제 표준화 및 인증 체계를 논의 중이다(KINS, 2022).

또한, 원자력에 대한 사회적 거부감과 안전성 논란은 여전히 SMR확산의 주요 걸림돌이다. 투명한 정보 공개, 지역 주민과의 소통 강화, 시민 단체와의 협력이 사회적 신뢰도를 높이는 핵심 전략이다.

5) 국제 협력과 글로벌 시장

SMR은 국제 에너지 시장에서 중요한 성장 동력이 될 수 있으며, 국제 협력과 기술 교류가 중요하다.

SMR의 확산을 위해서는 국제적 표준화와 기술 인증이 필수적이다. 미국, 캐나다, 영국, 프랑스, 한국과 같은 SMR 주요국은 국제공동심사(Multi-National Design Evaluation Programme, MDEP)를 확대하여 동일 SMR 모델이 여러 국가에서 승인받을 경우, 기존 인허가 데이터를 공유하여 심사를 간소화하는 방안도 검토하고 있다(KINS, 2022). 이는 글로벌 시장에서 신뢰 확보를 위한 중요한 요소로 작용할 것이다. 대표적으로 미국의 NuScale사는 SMR 개발사 중 최초로 미국 원자력 규제 위원회(NRC)의 표준설계인증을 취득하였으며, 이는 SMR 상용화의 중요한 이정표로 평가된다(PwC, 2024).

미국, 유럽, 한국, 일본 등이 SMR 개발을 주도하고 있으며, 국제 공동 연구와 협력 프로젝트가 이를 더욱 가속화할 수 있다. 국제 공동 연구 및 협력이 활발하게 이루어지고 있으며, 한국도 다양한 국가와 SMR 기술 개발 및 실증 프로젝트에 참여 중이다. 미국 에너지부는 '선진원자로 실증프로그램(ARDP)'을 통해 미국 내 SMR 실증 프로젝트를 지원하고 있으며, 이 과정에서 한국 기업 및 연구기관과 협력하였고, 프랑스 EDF가 개발하는 Nuward SMR 프로젝트에 한국 기업들의 참여가 검토 중이며, 한국과 프랑스 간의 기술 협력이 활발히 논의되고 있다(PwC, 2024). 이러한 협력은 중동, 북아프리카, 아시아의 원격지와 같은 에너지 취약 지역에 SMR의 수출 가능성도 높여 경제성 향상에도 기여한다.

4. CCS(Carbon Capture and Storage, 탄소 포집 및 저장)

CCS 기술은 탄소 중립을 실현하기 위한 핵심기술로, 화석 연료 사용과정에서 발생한 탄소 배출을 줄이는 가장 현실적이고 효과적인 방법으로 평가받고 있다. 기술적 특징, 적용 가능 분야, 경제성, 정책적 지원, 국제 협력에 대해 다양한 관점에서 CCS가 중요하다.

1) CCS의 필요성

CCS(탄소 포집 · 저장) 기술은 탄소 배출을 획기적으로 줄일 수 있는 핵심 전략으로, 산업 공정, 발전 부문, 블루 수소 생산 등 다양한 분야에서 필수적인 역할을 하고 있다. 특히 철강, 시멘트, 석유화학과 같은 고탄소 산업에서는 탄소 중립에 중요하다. 철강 산업의 경우 글로벌 탄소 배출의 7~9%를 차지하며 한국의 경우 산업 부문 배출량의 40%, 국가 전체 배출량의 15%를 차지한다. 이를 해결하기 위해 CCS 기술과 함께 수소 환원 제철법이 주목받고 있는데 수소 환원 제철법은 그린 수소를 환원제로 활용하여 철광석을 직접 환원한 후 전기로에서 철강을 생산하는 방식으로 이를 통해 탄소 배출을 최대 97%까지 줄일 수 있다(SFOC, 2024).

석탄 및 천연가스 발전소에서 발생하는 이산화탄소를 포집해 저장하는 것은 전력 부문의 탄소 중립 실현에 중요한 역할을 한다. 석탄 화력 발전소는 1GWh당 평균 888톤의 이산화탄소를 배출하며 천연가스 발전소는 1GWh당 평균 499톤의 이산화탄소를 배출한다(KEEI, 2017).

에너지 분야는 전체 이산화탄소 배출량의 93.7%를 차지하기 때문에 CCS 기술은 탄소 중립을 위한 필수적 요소다. 세계 이산화탄소 포집·저장·활용 기술은 2020년 330억 달러 규모에서 연평균 17.1% 성장하여 2025년에는 727억 달러 규모에 달할 것으로 예상한다(서부발전, 2022). 이는 기존 발전소를 폐쇄하지 않고 과도기적 기술로 활용할 수 있다는 장점이 있다.

CCS는 블루 수소 생산에 필수적 기술로, 천연가스 개질 과정에서 발생하는 이산화탄소를 포집해 저장함으로써 저탄소 수소 생산을 가능하게 한다. 그린 수소로의 전환이 장기적 목표라면, 블루 수소는 중간 단계에서 탄소 저감과 경제성 확보를 위한 현실적 대안이다. 그러나 재생 에너지는 지형, 기후 조건에 따라 경제성의 차이가 있다. [그림 2-4]에서 보듯이 평지 위주 지형 및 풍부한 일조량을 가지고 있는 중동 사막지역에 비하여 한국의 그린 수소

그림 2.4 국가별 그린 수소 가격 전망

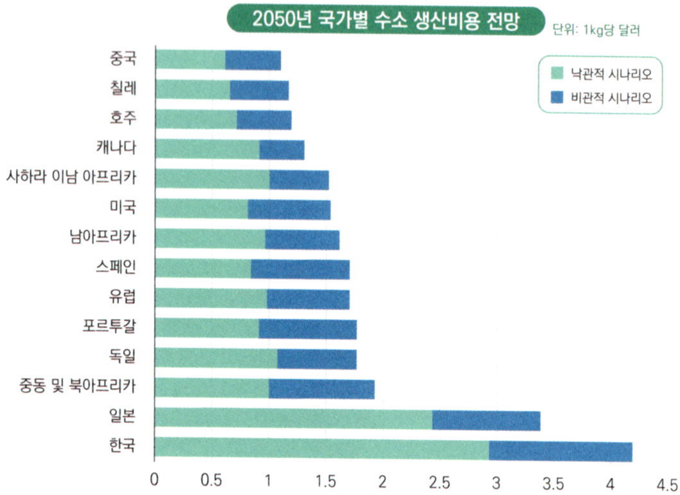

출처: IRENA, 2022. SK E&S 2024 재인용

생산 비용은 2배까지 차이가 난다.

2) CCS 기술의 적용 분야

CCS 기술은 발전소, 산업 공정, 그리고 CCUS(Carbon Capture, Utilization, and Storage)로 확장될 수 있는 다양한 분야에서 활용될 수 있다. 석탄 화력 및 천연가스 발전소에서 포집된 이산화탄소는 저장되거나 화학적 변환을 통해 유용한 자원으로 재활용될 수 있으며, 이러한 기술을 CCU(Carbon Capture & Utilization)라고 한다.

철강, 시멘트, 석유화학 산업과 같이 공정 자체에서 탄소 배출량이 많은 산업에서는 CCS 없이는 탈탄소화가 불가능하다. CCS

기술은 단순한 이산화탄소 저장을 넘어 합성연료, 화학제품 생산, 바이오 플라스틱 제조 등 다양한 활용이 가능하도록 확장될 수 있다.

CCS(탄소 포집·저장) 기술이 확산되기 위해서는 단계적인 전략이 필요하다. 단기적으로는 발전소와 대형 산업 공정을 중심으로 대규모 시범 사업을 통해 기술의 안정성과 경제성을 검증해야 한다. 일본의 토마코마이 프로젝트는 2016~2019년 동안 30만 톤의 이산화탄소를 저장하며 실증에 성공했으며, 이후 CCS와 CCU(탄소 포집·활용) 연계를 추진하고 있다.

중기적으로는 국가 차원의 이산화탄소 저장망 구축이 필수적이다. CCS 기술이 확산되기 위해서는 국가 간 연계된 이산화탄소 운송 및 저장망 구축이 필요하며 이는 탄소 배출 감소와 동시에 규모의 경제를 달성하여 비용 절감에 기여할 수 있다. 이산화탄소 저장이 어려운 국가들에게는 국가 간 저장망 구축이 중요하다. 싱가포르와 인도네시아는 이산화탄소 국경 간 운송 협정을 체결하였으며 덴마크 벨기에 네덜란드 스웨덴과 같은 유럽 국가들은 노르웨이와 협력하여 북해 지역에 이산화탄소를 저장하는 프로젝트를 진행 중이다(Global CCS Institute, 2024).

장기적으로는 CCUS 기술을 통해 이산화탄소를 활용한 화학제품 생산과 합성연료 개발을 통해 부가가치를 창출해야 한다. 화학생물학적 공정을 통해 메탄 휘발유 경유 등의 연료 및 첨가제로 활용이 가능하며 탄소화합물의 전환도 이루어질 수 있다. 한국에서는 폴리카보네이트, 드라이아이스, 반도체 세정액 원료로 활용하는 사례가 있고 해외에서도 탄소 기반 항공 연료나 향수 제조 등 다양한 분야에서 활용이 확대되고 있다.

3) 경제성

CCS 기술이 상용화되기 위해서는 초기 단계에서 경제성과 기술적 과제를 해결하는 것이 필수적이다. CCS 비용 중 탄소 포집과정이 전체 비용의 60~70%를 차지한다. 흡수, 흡착, 막분리, 산소, 연소 등 기술에 따라 비용 차이가 발생한다. 파이프라인, 선박 등 수송 방법이나 거리수송량에 따라서도 비용에 차이가 발생할 수 있다. 예를 들어 연간 300만 톤의 이산화탄소를 250km 거리로 해상 파이프라인을 통해 수송할 경우 톤당 7.2~14.8달러의 비용이 발생한다. 저장비용은 지중·해저 저류층 탐사, 개발, 장기 모니터링 등의 요소에 따라 달라지며, 해상 염수층에 이산화탄소를 저장할 경우 톤당 약 10달러의 비용이 소요된다(국무조정실 외, 2018).

CCS의 경제성을 확보하기 위한 방안 중 하나는 탄소 배출권 거래제와 연계하는 것이다. 탄소 가격의 안정적 유지와 상승은 CCS 기술의 경제성을 높이는 중요한 요소이다. EU 배출권 거래제(ETS)는 이러한 시스템의 대표적인 사례이다. EU ETS는 탄소 가격을 형성하여 기업이 탄소 배출을 줄이도록 경제적 인센티브를 제공하며, 2013년 이후 약 1,750억 유로의 수익을 창출하여 재생 에너지 및 에너지 효율성 개선 프로젝트에 재투자되었다.[7] CCS 비용이 1톤당 $30~50 이하로 내려가야 상업적 경쟁력이 달성 가능하다. 탄소세나 배출권 거래제의 탄소 가격이 $30~100/톤 수준이

7) https://climate.ec.europa.eu/eu-action/eu-emissions-trading-system-eu-ets/about-eu-ets_en

므로 CCS 비용이 이에 근접해야 기업이 CCS 도입을 고려할 유인이 된다.

규모의 경제 달성이 경제성 확보의 핵심 요소이다. CCS를 적용한 발전소의 건설비는 일반 발전소 대비 약 75% 증가하며, 운영비 역시 50% 증가할 것으로 예상된다. 이에 따라 전력 단가도 상승하기 때문에 대규모 CCS 프로젝트와 민관 협력 모델을 통해 생산 비용을 절감해야 한다(이지현 외, 2016).

기술적 도전 과제 중 하나는 대규모 이산화탄소 저장 공간의 확보이다. 안전한 지질학적 저장 공간의 평가 및 확보가 필수적이다. 한국은 철강, 시멘트 등 고탄소 산업이 주요 산업임에도 불구하고, 현재 사용 가능한 탄소 저장 용량이 부족하다. 한국의 CCUS 목표는 2030년까지 11.8Mt의 온실가스를 감축하는 것이지만, 실제 사용 가능한 저장량은 14Mt에 불과하다. 이에 따라, 동남아시아, 호주 등의 해외 저장소 활용이 필요하며, SK E&S, 삼성엔지니어링, 포스코인터내셔널 등 국내 기업들이 호주 및 말레이시아의 CCS 프로젝트에 참여 중이다(KEEI, 2024).

또한 CCS 기술 상용화를 위해 이산화탄소 운송 인프라 구축도 필수적이다. 대량의 이산화탄소를 운송하는 가장 경제적이고 효율적인 방법은 파이프라인을 활용하는 것이며, 이에 따라 저장 시설 확충 운송 효율성을 높이기 위한 허브 및 클러스터 구축이 필요하다.

4) 국제 협력과 글로벌 시장

CCS 기술이 글로벌 시장에서 신뢰를 확보하려면 국제적 기술 표준과 인증 체계 구축이 필요하다. 글로벌 기준 ISO/TC265(이산화탄소 포집, 수송 및 지질 저장 기술위원회)에서 CCS 안전성에 관한 국제표준을 제정하는 작업이 진행 중이며, 현재까지 7개의 ISO 표준이 발표되었다. 일본은 습식 포집 및 저장기술 분야에서 기술적 우위를 활용하여 ISO/TC265 활동에 적극적으로 참여하고 있다(국무조정실 외, 2018).

노르웨이의 북해 CCS 프로젝트, 호주의 Gorgon CCS 프로젝트는 국제 협력의 성공적 사례로 평가받는다. 노르웨이의 북해 CCS 프로젝트 중 하나인 Northern Lights 프로젝트는 세계 최초의 국경 간 상업적 탄소 수송 및 저장 시설 가동 프로젝트이며 액화 이산화탄소를 이용한 운반선도 함께 가동될 예정이다. 호주의 Gorgon CCS 프로젝트는 세계 최대 규모의 LNG 프로젝트로 호주의 가장 큰 단일 자원 프로젝트다. 연간 1,560만 톤의 천연가스를 공급하는 것 외에 이산화탄소를 포집, 저장하여 탄소 집약도를 줄이는 것을 목표로 한다.

중동, 북아프리카, 아시아 원격지와 같은 지역에서 CCS 기술의 적용 가능성이 크다. 사막과 같은 지질학적 저장소가 존재하고 중동지역은 특히 석유 및 가스 산업이 발달되어 있어 CCS 기술을 쉽게 도입할 수 있는 기반을 가지고 있다.

5) 정책적 지원과 사회적 수용성

CCS 기술의 확산과 상용화를 위해서는 정책적 지원과 사회적 수용성 확보가 필수적이다. 기술 개발, 설비 구축, 초기 시장 형성을 위해 R&D 투자 확대와 세제 혜택, 저금리 대출과 같은 재정적 인센티브가 필요하다. 공공기관과 민간 기업 간 협력 모델을 구축하는 것이 효과적인 방안이 될 수 있다. 한국의 경우, 석유공사와 현대건설이 동해 가스전을 활용한 CCS 실증사업을 추진 중이며, 이를 통해 연간 120만 톤의 이산화탄소를 포집·저장하는 것을 목표로 하고 있다. 싱가포르는 정부와 엑슨모빌, 셸 등이 협력하여 2030년까지 연간 250만 톤의 이산화탄소를 포집·저장하는 프로젝트를 진행하고 있다. 다음 [표 2-2]에서 보듯이, 많은 국가들이 CCS 기술의 연구개발(R&D)에 전략적으로 투자하고 있으며, 각국의 정책과 기술 로드맵은 이러한 흐름을 잘 보여준다.

사회적 수용성을 확보하기 위해서는 투명한 정보 공개와 주민과의 소통이 중요하다. CCS 기술의 안전성 검증 결과를 투명하게 공개하고, 공정하고 비교 가능한 온실가스 배출 회계 기준(GHG)과 축 CCS 데이터를 제품 생애주기 평가(LCA)에 통합하는 등의 방법이 있다. EU 및 미국 등 여러 국가에서는 CCS를 포함한 온실가스 회계 표준이 개발되고 있으며, 인프라 개발 시 지역 공동체와 협력하여 투명한 정보 공개와 참여 기회를 제공하는 방식이 제안되었다. CCS 기술의 지속적인 안전성 검증과 환경적 영향을 최소화하기 위한 모니터링 시스템 구축도 필수적이다. 데이터의 투명성을 확보하기 위해 국제 표준(ISO/TC 265) 및 유럽 표준(CEN/TC 474)과 연계한 감시 체계 구축이 진행되고 있으며, 노르웨이 Sleipner 프

표 2.2 주요국 CCUS R&D 전략 및 프로그램

구분	R&D 전략 및 프로그램	내용
미국	DOE CCUS R&D 프로그램(2020)	기초 R&D, 대규모 실증 프로젝트를 통해 상업적 규모의 CO_2 감소 기술 개발에 초첨
EU	EU 7th Framework(2007)	CO_2 포집, 저장기술 상용화를 위한 대규모 실증사업에 2020년까지 60억 달러 지원
	European Green Deal(2019)	CO_2 포집, 저장, 활용 기술 상용화 등을 통해 유럽대륙의 2050년 탄소 배출 제로화가 목표
	Innovation Fund(2021)	EU ETS 수익금의 일부를 CO_2 포집, 저장기술의 개발, 실증 사업에 투자
영국	The Ten Point Plan for a Green Industrial Revolution(2020)	2030년까지 CCU 등 분야에 120억 파운드 투자
노르웨이	CO_2 포집, 저장기술을 국가 전략기술로 지정(2012)	2022년까지 약 4,600만 달러를 CCS 사업 실행 가능성 연구에 투자 예정
일본	혁신적 환경 이노베이션 전략(2020)	2050년까지 온실가스 80% 감축을 위한 CCUS 및 탄소자원화 등 기술 개발 전략 제시
	2050 탄소 중립에 따른 녹색 성장 전략(2020)	탄소재활용 산업 등 온실가스 감축과 미래 성장이 기대되는 14개 중요 산업 실행계획 발표
	탄소 재활용 로드맵(2019)	CO_2 재활용 기술혁신 전략 발표
중국	탄소자원화 기술로드맵(2011)	2030년까지의 탄소자원화 단계별 기술 개발 세부 실행계획 제시
대한민국	탄소 중립 기술혁신 추진전략(2021)	CCUS 혁신소재 · 대형화 개발 및 실증을 통해 '30년 포집 가격경쟁력 30$/톤 달성 목표 제시
	2050 탄소 중립 실현을 위한 탄소 중립 연구개발 투자전략(2021)	CCUS 포집, 저장, 활용으로 구분하여 단기, 장기 단계별 전략을 제시
	CCU 기술혁신 로드맵(2021)	CCU 기술 혁신을 통한 탄소 중립 실현과 신산업 창출을 위해 CCU 세부분야별 중점기술을 선정하여 단 · 중 · 장기의 마일스톤과 전략 제시

출처: KEEI, 2021

로젝트에서는 CO_2 저장소의 성능을 실시간 감시하고 있다. 또한, EU와 미국은 탄소 누출 발생 시 보고를 의무화하는 규정을 도입하여 CCS 기술의 신뢰성을 높이고 있다(IDDI, 2024).

한편, CCS가 화석 연료 산업의 탄소 배출을 정당화하는 수단으로 악용될 가능성에 우려가 있다. 예를 들어 일부 CCS 프로젝트는 포집된 이산화탄소를 주입하여 석유 회수 증진(Enhanced Oil Recovery, EOR)을 도모하고 있는데 온실가스 감축보다는 석유 생산량 증대를 목표로 하여 CCS의 본래 취지와 어긋난다는 비판을 받을 수 있다.

5. 바이오 에너지와 DCR

1) 바이오 에너지

바이오 에너지는 유기물(바이오매스)을 원료로 에너지를 생산하는 방식으로, 전기, 열, 연료 등의 형태로 활용될 수 있다. 주요 원료로는 목재 및 농업 부산물, 음식물 쓰레기 및 폐기물, 미세조류·사탕수수·옥수수 등 에너지 작물이 포함된다.

바이오 에너지는 전력 및 열 생산 외에도 바이오 연료(Biofuel) 생산이나 탄소 포집 기술과 결합한 BECCS(Bioenergy with Carbon Capture and Storage) 등 다양한 방식으로 활용될 수 있다. BECCS 기술은 바이오매스를 활용하는 과정에서 이산화탄소를 포집하여 저장함으로써 탄소 배출을 줄이는 동시에 대기 중 이산화탄소를 제거하는 효과를 제공한다. 이는 탄소 배출을 음수(negative)로 전환할 수 있는 유일한 기술로 평가되며, 전 세계적으로 5개 정도의

BECCS 시설이 운영 중이며 연간 150만 톤의 탄소를 포집하고 있다(Global CCS Institute, 2019). 바이오매스 발전소는 기존 화력 발전소의 대안이 될 수 있으며, 산업 단지 및 원격지의 열 공급에도 적합하다.

석탄 발전과 우드칩을 사용한 발전 시설과 비교 결과, 바이오매스 발전은 1Mcal당 83원의 환경개선 가치를 갖는 것으로 추정되었으며, 온실가스 감축 효과도 탁월한 것으로 평가되었다(KEEI, 2007). 바이오 디젤과 바이오 에탄올은 운송 분야의 탈탄소화를 위한 대안으로 주목받고 있으며, 바이오 디젤은 기존 디젤 대비 이산화탄소 배출을 78.45%까지 줄일 수 있고, 바이오 에탄올은 가솔린과 혼합하여 탄소 배출을 절감할 수 있다(NREL, 1998). 기존 연료 인프라를 그대로 사용할 수 있어 즉각적인 대체가 가능하며, 항공 및 해양 연료에서도 바이오 연료가 화석 연료를 대체할 가능성이 크다.

바이오 에너지 기술이 확산되기 위해서는 몇 가지 도전 과제가 존재한다. 바이오매스 자원 확보의 한계와 지속 가능성 문제가 있다. 농업용 토지와의 경쟁과 생태계 파괴 위험이 주요 문제로 지적되며, 경작지 확대에 따른 삼림 훼손 및 온실가스 배출 증가가 우려된다(KDI, 2016).

2) 다이렉트 카본 리무벌(Direct Carbon Removal, DCR)

다이렉트 카본 리무벌(DCR)은 대기 중 이산화탄소를 직접 포집하여 제거하거나 활용하는 기술로, 탄소 중립 달성을 위한 가장 혁신적이고 미래 지향적인 기술로 평가된다. 대표적인 기술로는 Direct Air Capture(DAC), Biochar 생산, Ocean-based Carbon Removal이 있다. DAC 기술은 대기 중 이산화탄소를 직접 포집하여 저장하거나 합성연료 및 화학 제품 생산에 활용하는 방식으로, 기존 탄소 포집 기술보다 높은 수준의 탈탄소 효과를 제공한다. Biochar 생산은 바이오매스를 열분해하여 탄소를 고정하는 기술로, 토양 개선과 이산화탄소 제거 효과를 기대할 수 있다. 해양 기반 이산화탄소 제거 기술인 Ocean-based Carbon Removal은 해양 생태계 복원과 결합하여 활용될 수 있다.

DCR 기술은 단순히 탄소 배출을 줄이는 것을 넘어 대기 중 이산화탄소를 적극적으로 제거함으로써 탄소 네거티브(Carbon Negative) 상태를 만들 수 있다. 스위스, 아이슬란드, 이탈리아가 참여한 Climeworks 프로젝트는 세계 최초로 상업 DAC 시설을 운영하였으며, 유럽 내 14개 플랜트를 통해 연간 2,000톤의 이산화탄소를 포집하였다. 미국에서는 DAC 기술을 활용하여 열에너지를 이용해 이산화탄소를 포집하고 이를 농업, 해수 담수화, 비료·화학 제품 제조에 활용하고 있다. DCR 기술은 재생 에너지와 결합하여 더욱 안정적인 에너지 시스템을 구축할 수 있으며, 탄소 활용(CCU)을 통해 포집된 이산화탄소를 플라스틱, 화학 제품, 합성연료 생산 등에 활용할 수 있다.

그러나 DCR 기술은 경제성 확보가 어렵다는 점이 도전 과제이다. 현재 DAC 기술의 비용은 톤당 600~1,000달러 수준이며, 지속적인 기술 개발과 규모의 경제 달성을 통해 톤당 300~400달러까지 낮출 수 있을 것으로 예상되지만, 경제성을 확보하려면 200달러 미만으로 떨어져야 한다. DCR 기술은 에너지 집약적인 특성이 있어서 재생 에너지를 충분히 확보하지 않으면 환경적 이점이 상쇄될 위험이 있다.

DCR 기술의 확산을 위해서는 국제적 협력과 정부의 장기적인 지원 계획이 필수적이다. 연구개발(R&D) 투자 확대, 정책적 인센티브 제공, 글로벌 탄소 시장과의 연계를 통해 DCR 기술이 실질적인 탄소 제거 수단으로 자리 잡을 수 있도록 해야 한다.

3) 정책적 지원과 국제 협력의 필요성

바이오 에너지와 DCR 기술의 성공적인 상용화를 위해서는 정부의 정책적 지원과 국제 협력이 필수적이다. 기술 개발, 설비 구축, 초기 시장 형성을 촉진하기 위해 R&D 예산 확대와 세제 혜택, 저금리 대출 제공 등의 정책적 지원이 필요하다. 미국의 경우, 바이오 연료 생산업체에 대금을 지급하여 생산 확대를 지원하는 프로그램을 운영하고 있으며, 이는 초기 시장 안정화에 기여하고 있다. 공공기관이 주도하는 대규모 시범 사업을 통해 기술 검증과 경제성 확보를 이루는 것이 중요하다. 우리나라는 공공기관 차량 및 시범 주유소를 대상으로 바이오 에탄올 시범 사업을 추진 중이며, 안전성, 친환경성, 경제적 타당성을 검토하는 정책을 진행 중이다.

국제 협력과 기술 교류도 바이오 에너지와 DCR 기술 확산에 중요한 요소이다. 국제적인 기술 표준화와 인증 체계를 구축하는 것은 기술 신뢰성과 상용화를 촉진하며, 다양한 시스템과의 연계를 보장하여 복합적인 기술 협력을 가능하게 한다. 표준화된 기술은 소비자 신뢰도를 높이고, 글로벌 시장에서 경쟁력을 확보하는데 기여할 수 있다. 또한, 유럽, 미국, 일본 등과의 공동 연구와 기술 교류는 DCR과 바이오 에너지 기술 발전을 가속화할 수 있는 중요한 전략이다. 국제 공동 연구 프로젝트를 통해 신기술 개발과 실증 데이터를 공유함으로써 기술 발전 속도를 높이고, 각국의 정책적 지원과 연계하여 시장 도입을 촉진할 수 있다.

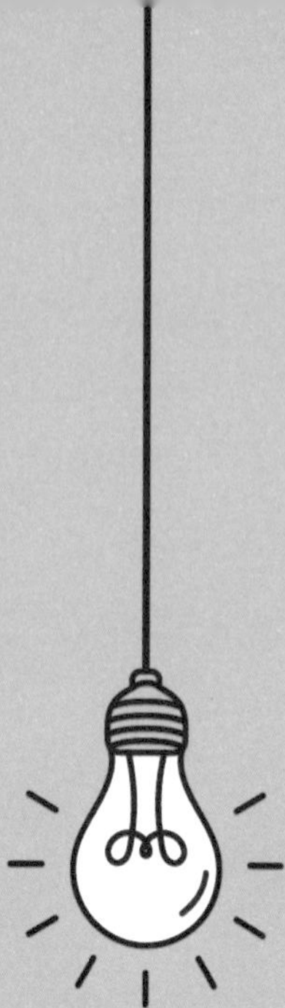

1. 탈석유 에너지 안보

   : 1970-80년대 오일쇼크 대응과 교훈

2. 1990년-2020년대 에너지 산업의 구조조정

3. 기후변화 대응과 미래 에너지 정책

CHAPTER 03

국내 1차 에너지 산업의 시장 현황과 과제

국내 에너지 산업은 경제 성장과 함께 지속적인 변화를 겪어 왔다. 특히 1차 에너지 산업(석유, 석탄, 천연가스 등)은 여전히 우리 에너지 소비의 90% 이상을 차지할 정도여서 에너지 안보와 향후 기후 변화 대응 측면에서 중요하다. 1970년대 석유파동 이후 국내 1차 에너지 산업이 당면하였던 주요 과제들과 이를 극복하는 과정에서 얻은 교훈을 바탕으로 앞으로 예상되는 문제들에 대한 대응 방안을 논의하고자 한다.

1. 탈석유 에너지 안보: 1970-80년대 오일쇼크 대응과 교훈

1970년대 두 차례의 오일쇼크(1973년, 1979년)는 한국 경제와 에너지 정책에 중대한 영향을 미쳤다. 한국은 당시 빠른 산업화를 진행 중이었으며, 원유 수입 의존도가 높았기 때문에 오일쇼크의 충격이 심각하였다. 이에 대응하여 한국 정부는 석유의존도를 낮추어 위기를 벗어날 다양한 정책을 추진했으며, 이 과정에서 긍정적·부정적 결과와 함께 중요한 교훈을 얻을 수 있었다.

1) 오일쇼크 대응을 위한 한국의 에너지 정책

1970~80년대 한국은 두 차례의 석유 위기를 겪으며 에너지 안보를 핵심으로 한 에너지 정책을 추진하였다. 오일쇼크로 인해 고유가와 인플레이션, 무역적자가 심화되는 상황에서 정부는 단기적인 에너지 절약 대책과 장기적인 공급 안정화 정책을 병행하여

추진하였다. 대표적인 정책으로는 정부 주도로 석유 수입선을 다변화하고, 국내외 유전 개발을 검토하였으며, 석유비축 시설을 확대하고, 에너지 절약을 제도화하는 정책을 마련하였다.

첫 번째 오일쇼크(1973~74년) 당시 아랍 산유국들이 석유를 무기화하면서 원유 가격이 단기간 폭등하였다. 당시 한국은 중화학공업 육성 초기 단계에서 석유 수요가 빠르게 증가하고 있는 상황에서 석유 가격의 폭등은 한국 경제에 커다란 충격이었다. 반면에 중동 지역의 오일달러 유입으로 인해 한국 건설업체들이 중동 시장에 적극적으로 진출하면서 외화 확보에 기여하여 석유 위기를 완화하는 역할을 했다.

두 번째 오일쇼크(1978~81년)는 이란 혁명과 석유 수출국 기구(OPEC)의 석유 감산 결정이 겹치면서 유가가 장기간 상승하는 상황을 초래하였다. 이에 대응하여 정부는 78년에 동력자원부를 신설하여 원유 확보에 나서는 한편, 유연탄 및 액화 천연가스(LNG)로의 연료대체, 석유 비축 확대 등의 조치를 본격화하면서 탈석유 기조를 강화했다. 유가 급등과 함께 물가 상승과 마이너스 성장을 경험하면서, 산업 경쟁력 유지를 위해 석유를 대체할 수 있는 연료의 사용을 확대하고 강력한 에너지 절약 정책을 병행하였다. 이러한 두 차례의 오일 쇼크로 인한 원유 가격이 급등하였다.

오일쇼크 이후, 한국은 에너지 공급원 다변화를 핵심 전략으로 삼고 석유 의존도를 낮추는 데 주력했다. 당시 한국의 석유 수입은 중동 지역에 집중되어 지정학적 위험에 취약하고, 원유 가격 급등에 따른 경제적 충격 또한 매우 컸다. 석유 수입의 중동 의존

그림 3.1 한국의 석유발전 점유율 변화

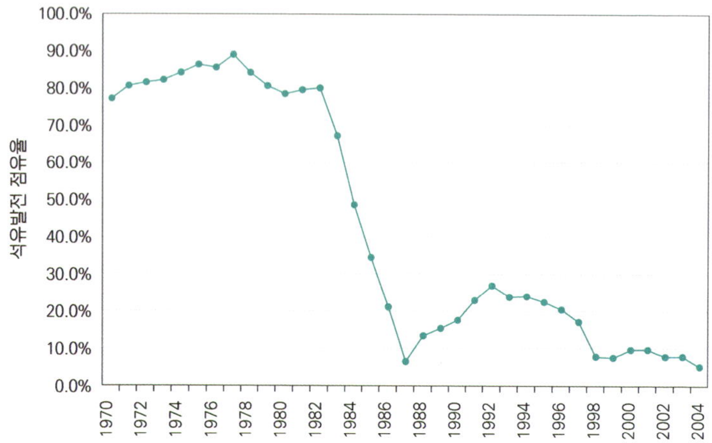

출처: 산업자원부, 에너지경제연구원, 에너지통계연보 2001 및 2005, KEEI(2005) 재인용

도를 완화하기 위해 한국 정부는 인도네시아, 나이지리아, 베네수엘라 등으로 석유 수입선을 다변화하는 정책을 추진하였다. 그뿐만 아니라 석유 중심의 1차 에너지 구조에서 벗어나기 위해 원자력, 석탄, 천연가스 등 다양한 대체 에너지원의 비중을 확대했다. 국내 석탄 개발을 장려하고, 석유를 대체할 연료로 석탄을 산업 및 발전 부문에 적극 활용하였다. 이후 1980년대부터 천연가스를 도입하면서 가정용 및 산업용 연료로 점차 활용 범위를 넓혀 석유 의존도를 점진적으로 줄여나갔다. 이러한 에너지 전환 정책의 결과로, 한국의 석유발전 비중은 1980년대 이후 급격히 감소하였다(그림 3-1 참조).

1970년대 후반부터 한국은 원자력 발전소 건설을 본격화하면서 발전 부문에서 석유 의존도를 낮추었다. 최초의 원자력 발전소인 고리 1호기가 1978년 가동을 시작하였으며 1980년대 이후 원전 건설을 지속적으로 확대하며 안정적인 전력을 확보하여 에너지 안보를 강화하는 데 집중했다. 원자력은 석유보다 가격 변동성이 적고 대용량 발전이 가능하여 국가 에너지 정책에서 중요한 역할을 담당하게 되었다.

이 당시 에너지 설비를 확장하고 에너지 공급원을 다변화하는 정책은 중앙 정부 주도하에 추진되었으며, 이를 뒷받침하기 위한 석유사업법, 전기사업법, 도시가스사업법, 집단에너지사업법 등 법적 체계가 갖춰지고, 한국전력공사와 같이 공사체제로 전환(82년) 또는 가스공사, 지역난방공사 등 새로운 공사를 설립하여 국가 독점 형태로 사업이 추진되었다. 이러한 사업은 국가 기간 시설로 규정되어 계획 추진을 위한 재원의 우선 배분과 각종 인허가 절차가 원만하게 이루어졌다. 특히, 당시 에너지 부족을 느끼던 시절이어서 에너지 시설은 지금과 달리 지역발전을 위해 선호하는 시설로 여겨져 큰 저항이나 갈등없이 건설될 수 있었다.

정부는 석유 공급 안정성을 확보하기 위해 정부 주도의 전략비축 시스템을 도입하고, 민간의 해외 자원 개발도 적극 지원하였다. 1978년 동력자원부를 신설과 함께 한국석유개발공사를 설립하고, 국내외 유전 개발 프로젝트에 적극적으로 투자하였다.

산업 구조 개편에 맞춰 에너지 효율을 높이는 정책도 중요한 대응책이었다. 석유화학, 철강, 조선 등 중화학공업 중심으로 산업

에너지를 많이 사용하는 이들 업종에서 에너지 효율을 높이는 것이 시급한 과제였다. 정부는 산업체와 국민을 대상으로 에너지 절약 운동을 적극적으로 추진하여 에너지 사용을 줄이는 노력을 기울였다. 예를 들어, 산업용 보일러의 고효율화, 소형차 보급 확대와 지역난방 시스템 구축, 대중교통 시스템을 확충 등을 통해 에너지의 효율을 향상시키는 정책을 추진하였다.

오일쇼크를 계기로 신재생 에너지에 대한 연구와 보급 사업도 시작되었다. 초기에는 태양열, 풍력, 바이오매스 등의 연구가 진행되었지만, 경제성과 기술적 한계로 인해 본격적인 활용까지 많은 시간이 걸렸다. 그러나 이 시기의 연구와 정책적인 검토가 이후 2000년대 신재생 에너지 정책 발전의 기초가 되었다.

한국은 정부 차원에서 국제 에너지 기구(IEA)와 협력을 강화하여 앞으로의 에너지 위기에 대비하는 전략을 모색했다. 석유 공급망을 안정적으로 유지하기 위해 중동 산유국과의 협력을 확대하고, 인도네시아, 호주 등 에너지 자원 수출 국가와 에너지 협정을 체결하는 등 에너지 외교에 적극 나섰다. 이러한 일련의 정책을 통해 한국은 두 차례의 오일쇼크를 극복하고, 안정적인 에너지 공급 체계를 구축할 수 있었다.

2) 오일쇼크 대응 에너지 정책의 공과

당시 오일쇼크 대응 정책은 성공적인 측면과 한계점을 동시에 가지고 있다. 정부는 에너지 공급의 안정성을 확보하고 경제 성장을 지속하기 위해 다양한 정책을 시행했으며, 이는 한국 에너지 산업 발전의 초석이 되었다.

오일쇼크를 계기로 한국 정부는 에너지원 다변화 전략을 적극 추진하여 석유 의존도를 낮추고 에너지 안보를 강화했다. 석유 중심의 에너지 구조에서 탈피하기 위해 원자력, 석탄, LNG 등 새로운 에너지원이 도입되었으며, 이는 한국 에너지 정책의 장기적인 방향성을 결정짓는 중요한 전환점이 되었다. 특히 1978년 가동을 시작한 고리 원자력 발전소는 한국이 석유 의존도를 줄이고 안정적인 전력 공급 체계를 구축하는 데 크게 기여하였다. 이후 원자력 발전소가 지속적으로 확충되면서 전력 공급의 안정성이 높아졌으며, 천연가스 도입을 통해 산업 및 가정용 에너지원의 다양성이 확보되었다. 시멘트 산업의 연료 전환, LNG 인수기지 건설, 원자력 발전 확대 등 1970~80년대 정책 기조 속에서 연료 다원화 로드맵이 구체화되었고, 이는 석유 의존과 온실가스 증가를 완화하는 역할을 하였다.

정부의 적극적인 개입을 통해 에너지 공급 안정성을 확보한 점도 중요한 성과였다. 국가 석유 비축 시스템이 도입되어 비상시 안정적인 에너지 공급이 가능해졌으며, 1980년대 중반에는 석유 소비 60일분 이상의 비축시설이 건설되었다. 이후 IEA 가입과 함께 석유 비축 체계가 더욱 공고해졌으며, 해외 자원 개발 및 수입선 다변화를 통해 원유 도입 경로를 확장하였다.

에너지 효율 향상 정책도 산업 경쟁력 강화에 중요한 역할을 하였다. 산업용 보일러 고효율화, 가정 및 기업의 에너지 절약 캠페인, 소형차 보급 확대 등의 정책이 시행되면서 국가 전체의 에너지 소비 효율성이 향상되었다. 이를 통해 한국은 에너지 집약적인 산업에서 경쟁력을 유지할 수 있었으며, 이후 에너지 절약이 중요한 정책 기조로 자리 잡게 되었다. 중화학공업 육성 정책은 철강, 조선, 석유화학 등의 산업을 발전시키며 수출 주도형 경제 구조를 강화하는 데 기여했다. 정부는 외환 및 무역 위기를 완화하고 산업의 성장 동력을 유지할 수 있도록 다양한 정책적인 지원을 하였다. 해외 자원 개발과 에너지 외교 전략도 추진되어 외부 충격을 줄일 수 있는 기반이 마련되었다.

그러나 오일쇼크 대응 정책은 장기적인 에너지 시장의 구조적 문제를 해결하는 데에는 한계가 있었다. 정부 및 공기업 중심의 에너지 산업 운영은 민간 기업의 시장 참여를 제한하여 경쟁을 저해하는 요인이 되었다. 이에 따라 에너지 시장 개혁이 필요해졌으며, 공기업 중심의 구조가 유지되면서 에너지 가격 책정 및 자원 배분의 비효율성이 발생하였다. 에너지 다변화 정책이 추진되었음에도 불구하고 한국 경제는 여전히 석유 의존적 구조에서 완전히 탈피하지 못하였다. 오일쇼크 이후 에너지원 다변화가 추진되는 과정에서도 석유 소비 비중이 꾸준히 높은 수준을 유지하고 있다. 국제 유가가 급등할 경우 절약 정책이 일시적으로 강화되지만, 유가가 안정되면 이러한 정책 추진력이 약화되는 경향이 반복적으로 나타났다.

환경 문제에 대한 고려가 부족했던 점도 한계로 지적된다. 오일쇼크 이후 석탄 사용이 확대되었으나, 이에 따라 대기오염 및 환경오염 문제를 심화시키는 결과를 초래하였다. 중화학공업 확대와 자동차 증가로 인해 사회적으로 환경 비용이 누적되었으며, 이에 대한 대응이 부족하였다. 원자력을 통한 전원 개발 정책은 에너지 안보 측면에서 긍정적인 역할을 하였고, 급격하게 늘어나는 전력 수요를 감당하기에 적절한 정책으로 평가된다. 그러나 이후 원전에 대한 안전성 논란과 사회적 갈등을 초래하는 요인이 되었다. 신재생 에너지에 대한 투자가 부족했던 점도 문제였다. 오일쇼크를 계기로 태양 에너지, 풍력, 바이오매스 등의 신재생 에너지 연구가 시작되었지만, 당시 정부 정책은 주로 석탄, 원자력, 천연가스 등의 기존의 화석 에너지원과 원자력 확대에 초점을 맞추었다. 이로 인해 신재생 에너지 개발이 상대적으로 지체되었으며, 31세기 글로벌 기후변화 대응하는 정책을 개발하고 이행하는 데 어려움을 겪게 되었다.

공기업 중심의 에너지 산업은 위기 대응에는 효과적이었으나, 장기적으로 기업 운영의 효율성과 재무 건전성 측면에서 개선이 필요하게 되었다. 정부가 주도하는 대규모 투자가 일부 공기업의 부채 증가와 설비 과잉 논란을 초래하였다. 특히 공기업 독점 체제가 장기간 유지되면서 에너지 시장 내 경쟁이 제한되었으며, 이는 에너지 산업의 효율성을 떨어뜨리는 원인이 되었다. 공기업의 재무 부담이 가중되면서 지속 가능한 에너지 정책 추진을 위한 막대한 재원 마련과 정책이행에 한계가 드러났다.

3) 오일쇼크로부터의 교훈

오일쇼크 대응 과정에서 얻은 교훈은 향후 에너지 정책 수립에도 중요한 시사점을 제공한다. 한국은 오일쇼크를 겪으며 에너지 안보의 중요성을 인식하게 되었고, 이를 계기로 국가 차원의 에너지 정책의 방향을 설정하게 되었다. 이를 통해 장기적인 에너지 안보 전략의 필요성을 인식하고 에너지원 다변화, 정부와 민간의 균형 잡힌 역할, 에너지 효율성 증대, 환경 문제 고려, 지속적인 정책 조정의 필요성 등의 핵심 교훈을 얻을 수 있었다.

첫째, 오일쇼크는 1차 에너지원의 안정적인 확보가 국가 경제 생존과 직결된다는 점을 보여주었다. 당시 한국은 석유 수입 의존도가 매우 높은 국가로서 석유는 산업활동에 꼭 필요한 에너지원이다. 국제유가가 급등하는 상황은 당연히 한국 경제 전반에 큰 타격을 입히게 되었다. 따라서 석유 대체 에너지원을 확보하고 에너지 공급망의 안정화 전략이 필수적이며, 이를 위해 국가 차원의 장기적인 에너지 정책이 지속적으로 추진되어야 한다는 점은 지금의 국제 상황에서도 통용이 된다.

둘째, 오일쇼크 당시 한국은 석유 의존도를 줄이기 위해 원자력과 석탄을 중심으로 1차 에너지원의 다변화를 추진했다. 이는 단일 에너지원 의존의 위험성을 줄이는 데 기여하였다. 이러한 경험은 현재에도 전기화의 급속한 진행과 탄소 감축의 국제적 추세에 부응하여 무탄소 에너지원인 신재생 에너지의 확대를 포함하여 에너지원을 다변화하는 것이 중요하다는 교훈을 남겼다. 21세기에는 탄소 중립을 목표로 한 지속 가능한 에너지 전환이 필수적이며, 태양광, 풍력, 수소 에너지 등 새로운 에너지원에 대한 지속적인 기술 개발과 투자가 필요하다. 이를 위해 장기적인 에너지 인프라 투자와 정책적 지원이 필수적으로 병행되어야 한다.

셋째, 오일쇼크 당시 정부는 에너지 정책을 공기업 중심으로 운영하였으며, 이는 단기적인 위기 극복에는 효과적이었지만 장기적으로 시장의 효율성을 저해하는 요인으로 작용하였다. 따라서 정부와 민간의 균형 잡힌 역할 정립이 필요하다는 교훈을 얻을 수 있다. 향후 에너지 정책에서는 정부의 전략적 개입과 민간의 혁신적 역할이 조화를 이루어야 한다. 정부는 기본적인 정책 방향을 설정하고 송전망과 배관망 같은 인프라를 구축하는 역할을 하되, 민간 부문의 창의성과 기술 혁신을 적극적으로 활용할 수 있도록 규제 체계를 만들어 공정한 경쟁을 통한 합리적인 시장 기능이 활성화되어야 한다.

넷째, 에너지 효율성이 국가 경쟁력과 직결된다는 점도 중요한 교훈이다. 오일쇼크 이후 한국은 에너지 절약과 산업 효율성 개선을 통해 국가 경쟁력을 강화하였다. 산업용 에너지의 많은 부분을 차지하는 보일러의 고효율화, 가정 및 기업의 에너지 절약 캠페인, 소형차 보급 확대 등의 정책이 시행되면서 에너지 소비 효율성이 향상되었으며, 이는 이후 한국이 에너지 집약 산업에서 경쟁력을 유지하는 데 중요한 요소가 되었다. 현재도 에너지 소비 효율을 높이는 것이 탄소 중립과 경제 성장을 동시에 달성하는 가장 핵심 전략이며, 지속적인 에너지 효율 개선을 위한 연구개발과 정책 지원이 필요하다.

다섯째, 오일쇼크 대응은 지정학적 위험에 대응하여 에너지의 안정고급을 확보하는데 치우선을 두었으나 이제는 환경 문제와 지속 가능성 고려해야 한다. 당시 석유를 대체하기 위하여 발전 부문에서의 석탄 확대 정책은 에너지 안보 측면에서 효과적이었지만, 대기오염을 유발하는 결과를 초래했다. 이후 환경 보호에 대한 인식이 높아지고 지속 가능한 에너지 시스템 구축의 필요가 증가하면서 석탄 화력 발전의 문제가 대두되었다. 현재 한국은 국제 사회로부터 보다 적극적인 기후변화 대응을 요구받고 있다. 과감한 탄소 중립 목표 설정과 이행을 요구받는 상황에서 환경친화적이고 지속 가능한 에너지 시스템으로의 전환이 필요하고 이를 시행할 수 있는 통합적인 에너지 정책의 수립이 필요하다.

여섯째, 오일쇼크는 한국에게 국가 에너지 정책의 근본적인 방향을 설정하는 계기가 되었다. 당시 한국은 오일쇼크를 계기로 적극적으로 원전과 천연가스를 도입하고 관련된 산업 생태계를 구축하며 에너지 절약 기술을 발전시키는 등 에너지 안보 강화를 위한 다양한 노력을 기울였다. 오일쇼크에 효과적으로 대응하는 과정에서 한국이 경제 성장과 에너지 안보를 동시에 달성할 수 있는 기반을 마련하는 데 중요한 역할을 하였다.

이러한 경험을 볼 때 위기는 기회가 될 수 있다는 점을 인식할 필요가 있다. 오일쇼크라는 위기가 원자력 발전, 에너지 산업 구조 전환, 에너지 절약 기술 발전 등을 촉진한 것처럼, 오늘날 기후위기와 에너지 전환 또한 새로운 경제 성장의 기회가 될 수 있다. 탄소 중립과 에너지 전환이라는 목표를 달성함과 동시에 한국 경제에 새로운 성장 동력을 마련하기 위해서 종합적인 에너지 정책 추진이 필요하다. 미래지향적인 에너지 전략을 통해 신재생 에너지의 기술 개발, 스마트 에너지 인프라 구축, 글로벌 에너지 시장에서의 경쟁력 확보 등을 통해 새로운 경제 성장의 동력과 기회를 마련해야 한다.

일곱째, 지속적인 정책 조정의 필요성 또한 중요한 교훈이다. 단기적인 위기 대응뿐만 아니라, 장기적인 시각에서 정책 간의 유연한 조정이 필요하다. 예를 들어, 한국은 오일쇼크 이후 정부 주도하에 원전과 천연가스를 빠르게 도입했으며 이제 친환경 에너지로의 전환이 요구되고 있다. 이는 시대적 변화에 따라 정책을 조정하고, 미래 지속 가능성을 고려한 에너지 전략이 중요하다는 점을 시사한다. 따라서 향후 에너지 정책은 장기적인 방향성과 신기술 발달, 국제 에너지 시장의 불확실성을 고려하여 유연한 정책 조정을 동시에 고려하는 접근 방식을 채택해야 한다.

2. 1990년-2000년대 에너지 산업의 구조조정

1990~2000년대 한국의 에너지 산업은 세계적인 에너지 시장의 통합과 경제 개방 기조에 따라 구조조정과 민영화, 규제 자유화를 중심으로 대대적인 개혁이 이루어졌다. 이 시기의 정책들은 에너지 시장의 효율성을 증대시키고, 글로벌 경쟁력을 강화하는 방향으로 추진되었다. 특히 석탄 산업의 합리화, 석유 산업 민영화 및 자유화, 전력 산업 구조 개편이 핵심적인 정책으로 자리를 잡았다. 이러한 정책들은 한국의 에너지 안보와 산업 발전에 중요한 영향을 미쳤으며, 정적인 성과를 거두었지만 추진 과정에서 이해관

계자와의 갈등 유발 등 한계점도 존재하였다. 이에 따라, 해당 시기의 정책을 평가하고, 그 과정에서 도출된 교훈을 분석함으로써 향후 한국의 에너지 정책 수립에 필요한 방향성을 모색할 수 있다.

1) 1990~2000년대 한국의 에너지 산업 정책

1990~2000년대 한국의 에너지 산업은 1997년 촉발된 경제위기와 세계적 자유화 흐름 속에서 대대적인 구조조정을 겪게 되었다. 특히 1997년 외환위기를 극복하기 위해 경제 전반의 구조조정이 요구되었고, 이에 따라 정부는 에너지 시장의 경쟁을 촉진하고 효율성을 높이기 위한 정책을 추진하였다. 석탄 산업 합리화, 석유 산업 자유화에 이어 전력, 가스 사업에 대한 구조 개편이 이루어졌으며, 신재생 에너지 육성 정책도 점진적으로 도입되었다.

유일한 부존자원으로 대대적인 증산이 추진되었던 국내 석탄 산업은 1980년대 후반부터 채굴 비용 증가, 노동 비용 상승, 안전 문제 등의 요인으로 경쟁력이 약화되었으며 연탄수요도 줄어들기 시작했다. 국제 석탄 가격 하락과 해외 저가 석탄 수입 증가로 인해 국내 석탄 생산의 경제적 부담이 더욱 커졌다. 이에 따라 정부는 석탄 수요 감소에 맞춰 탄광을 구조조정하는 합리화 사업을 추진하였다. 특히 도시가스 보급이 확대되면서 수도권 대기 환경 규제 강화와 맞물려 석탄 소비를 줄이는 방향으로 정책이 전개되었다. [그림 3-2]에서 보듯이, LNG 소비량은 지속적으로 증가하고 있으며, 이는 국내 에너지 구조가 점차 석탄 중심에서 친환경적인 LNG 중심으로 전환되고 있음을 보여준다. LNG가 처음 도입된 해인 1987년 소비량은 161만 2천 톤이었으나, 2022년에는 4,383만

그림 3.2 우리나라 가스 수급 동향 및 전망

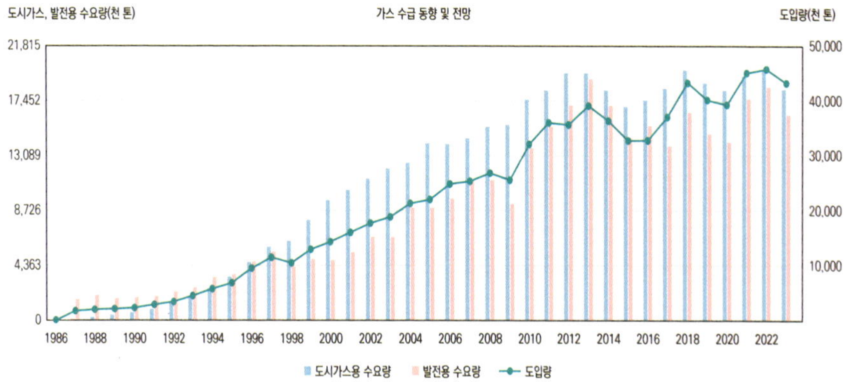

출처: 통계청

톤으로 급증하였으며, 전국 도시가스 보급률도 1987년 9.8%에서 2022년 84.6%까지 증가하였다. 이러한 변화는 정부의 LNG 기반 에너지 전환 정책이 실질적으로 작동하고 있음을 시사한다.

한편, 석탄 산업 합리화로 탄광 폐쇄 및 생산 감축이 진행되면서 많은 탄광 근로자들이 일자리를 잃게 되었다. 정부는 1989년부터 석탄 산업을 합리화하면서 탄광 근로자들의 전직 및 이직 지원 정책이 시행되었으며, 지역 경제 활성화를 위한 대체 산업 육성 정책도 추진되었다. 그러나 석탄 산업이 집중된 일부 지역에서는 노동자 이탈과 지역 경제 침체 등의 사회적 문제가 발생하여 추가적인 대책이 필요하게 되었다(그림 3-3 참조).

그림 3.3 석탄 산업 지역 기금 지원규모 추이

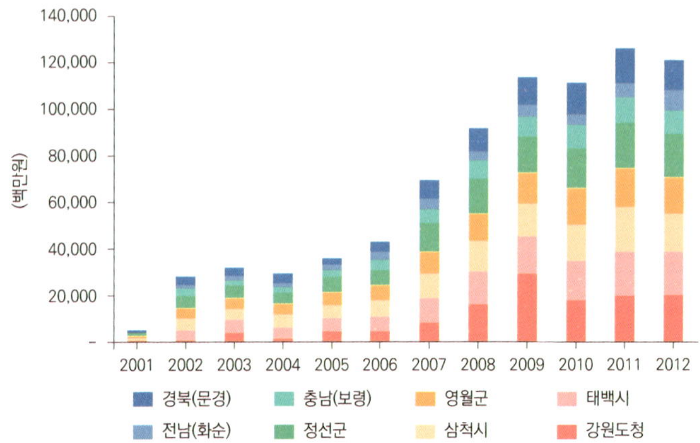

출처: 산업통상자원부, 2013, KEEI(2013) 재인용

전력은 2001년 한국전력공사의 발전 부문이 6개의 발전 자회사로 분리되어 경쟁이 도입되었고, 민간 발전 사업자(IPP) 확대를 통해 발전소 건설과 운영이 민간 기업에 개방되었다. 정부는 전력시장을 책임지는 전력거래소를 신설하는 등 한전의 독점적 구조에서 점진적으로 벗어나는 전력 시장 개방을 추진하였다. LNG 산업도 민간발전사 등 대수요자에게 가스공사를 통하지 않는 LNG 직도입을 허용하였으며, 전국천연가스 공급망이 대폭 확장되었다.

석유 부문에서는 1995년 세계무역기구(WTO) 출범과 함께 세계적인 경제 자유화 흐름에 맞추어 자유화가 추진되었다. 정부는 1997년 석유시장 자유화 정책을 시행하면서 석유 제품 가격 규제를 철폐하였다. 석유 산업의 자유화는 석유 제품 가격, 수출입, 신

표 3.1 석유 산업 자유화 내용

부문	당시 정책	자유화 내용	시행 시기
석유 가격	최고가격제 고시 * 휘발유, 등 · 경유, LPG, B · C유	가격고시제 폐지 * LPG는 유가 자유화 후 검토	1997.1.1.
석유 수출입	석유 수출입법 신고 및 원유수입 승인제	신고제의 등록제 전환 및 승인제 폐지	1997.1.1.
신규 진입 자유화	- 석유 정제업 * 국내 석유 수요의 130% 범위 이내에서 허가 - 석유 판매업(대리점, 주유소) * 시 · 도지사 허가	- 허가제의 등록제 전환 - 허가제의 등록제 전환	1999.1.1. 1997.1.1.
대외 개방	- 석유정제업 * 외국인 투자 자본의 50%만 허용 - 주유소업 * 외국인 투자 금지 업종	- 외국인 투자 허용 - 외국인 투자 허용	1999.1.1. 1999.1.1.

출처: 신동오, 1996; 재인용: 현대경제사회연구원, 1997

규 진입, 그리고 대외 개방까지 크게 4가지 분야에서 추진되었다. 제품 가격의 경우 유통 단계별 최고가격제가 유지되던 것이 폐지되었다. 당시 LPG는 LNG와의 형평성을 유지하기 위해 잠정 보류되었다. 수출입의 자유화는 석유 수출입업 신고제가 등록제로 전환되었다. 석유 정제업, 판매업도 수요에 따른 허가제에서 등록제로 변환되었다. 외국인 투자 지분도 정제업의 경우 50%까지 허용되었고, 주유소업의 경우 외국인 투자 금지 업종이었으나 투자 허용 업종이 되었다(표 3-1 참조). 이를 통해 정유 및 유통 부문에서 기업 간 경쟁이 활성화되고, 소비자 선택권이 확대되는 효과가 나타났다. 석유 산업에 설비투자가 대폭 확대되면서 동북아 석유정제 허브로 발돋움할 수 있게 되었다.

그림 3.4 2001-2014 신재생 에너지 발전 비율

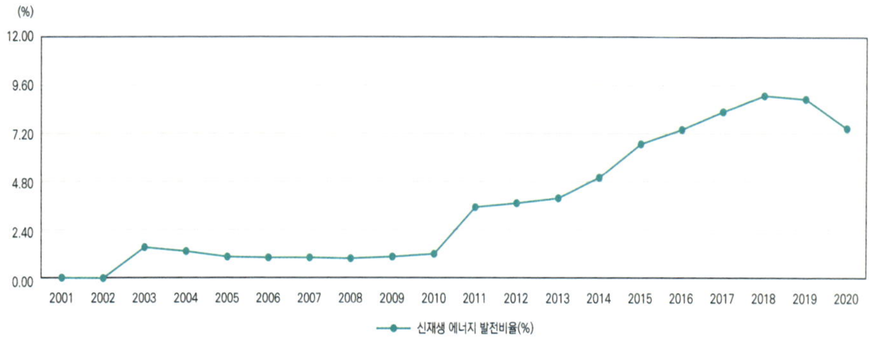

출처: 통계청

97년 교토체제의 출범과 함께 2000년대 들어 신재생 에너지 산업의 육성이 본격화되었다. 정부는 태양광, 풍력, 바이오 에너지 등 친환경 에너지 산업을 육성하기 위해 연구개발(R&D) 지원을 확대하였으며, 2002년 발전차액지원제도(FiT) 도입과 2012년 RPS(신재생 에너지 의무할당제)로 전환, 정부 보조금 지원 확대 등 적극적인 정책을 추진하였다. 그러나 신재생 에너지 경제성이 낮아 확산 속도가 더디게 진행되면서 환경론자들의 정부 에너지 정책에 대한 비판이 점점 커졌다. 정부의 정책적 지원에도 불구하고, 한국의 지리적 환경적 여건으로 인하여 신재생 에너지의 발전 비중은 10% 이하에 머물고 있다(그림 3-4 참조).

이러한 구조조정과 정책 변화는 에너지 시장의 경쟁을 촉진하고 사업의 투명성 등 효율성을 높이는 데 기여하였으나, 공공성과 시장 안정성에 대한 논란도 발생했다. 석탄 산업 구조조정으로 탄

광 지역 경제가 침체되었으며, 전력 및 가스 산업의 민간 개방 과정에서 시장 안정성과 공공성이 약화될 수 있다는 우려가 제기되었다. 석유 산업 자유화로 인해 국내 석유 가격의 변동성이 커지는 우려도 발생했다. 신재생 에너지 육성이 본격적으로 시작되었으나, 기술적 한계와 경제성 부족으로 인해 보급 속도가 예상보다 더뎠다.

2) 에너지 정책의 공과(功過)

1990~2000년대 한국의 에너지 정책은 1992년 동력자원부가 폐지되었으며, 에너지 수급과 가격의 안정보다는 시장 개방과 경쟁 촉진을 통해 에너지 공급의 효율성을 높이고 글로벌 경쟁력을 강화하는 방향으로 진행되었다. 이 과정에서 에너지 시장의 효율성이 향상되었으며, 전력, 가스, 석유 산업의 구조조정을 통해 경쟁이 촉진되었다. 발전 부문에서 민간 발전 사업자(IPP)의 확대와 한국전력공사의 독점적 구조 개편을 통해 발전 비용 절감과 민간 투자가 확대되었다(그림 3-5 참조). 석유 산업 자유화로 소비자 선택권이 확대되고 정유사 간 경쟁이 촉진되었으며, 외국인 투자를 확대하여 글로벌 기업이 국내 시장에 진입하면서 경쟁이 심화되었다. 이에 따라 석유 제품의 유통구조 투명성이 향상되고, 한국 정유 산업의 국제 경쟁력이 강화되었다.

석탄 산업 합리화를 통해 고비용·비효율적인 탄광이 정리되면서 산업 효율성이 향상되었고, LNG와 원자력 발전이 확대되면서 에너지 포트폴리오가 개선되었다. 이 과정에서 광부들의 안전 문제가 개선되고, 보조금 집행의 효율성이 높아졌다. 에너지 산업 구조조정을 통해 일부 공기업의 민영화가 이루어지고 공기업 중심

그림 3.5 2001-2012.06. 민간발전사 발전량 추이

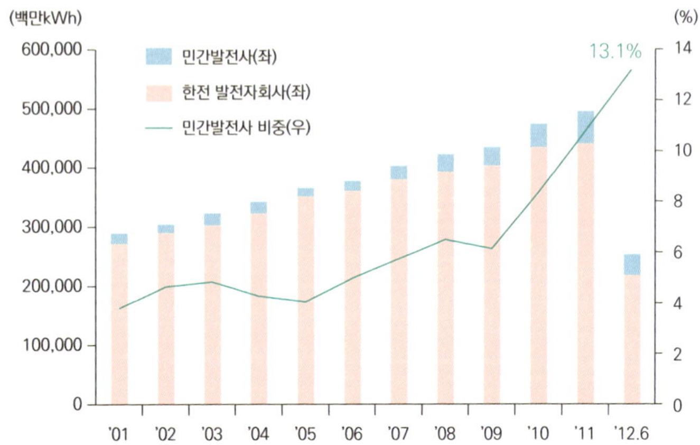

출처: KEEI, 2013

이었던 시장에 민간 자본과 혁신이 유입되면서 기업 재무구조가 개선되었다. 태양광, 풍력 등 신재생 에너지의 기술 개발과 보급이 확대되면서 향후 에너지 전환의 기반이 되었다.

그러나 정책 추진 과정에서 공공성 약화에 대한 우려와 지역 경제 침체, 시장 불안정성, 기후변화 대응 부족 등이 문제로 지적되었다. 에너지 시장 자유화로 인해 가격 변동성이 커지고 석탄 산업 구조조정으로 탄광 지역 경제가 급격히 침체되었다. 정부가 제공한 전직 지원과 지역 경제 활성화 대책이 기대만큼 효과를 발휘하지 못했고, 석유 산업 자유화 초기에는 일부 정유사 간 가격 담합이 적발되기도 하였다.

전력 및 가스 산업의 구조 개편 과정에서 노조 등 이해관계자의 반발로 중도에 제동이 걸렸다. 배전 부문 분할 중단, 가스공사 도입부문 분할연기 등으로 인해 에너지 산업의 경쟁체제로의 전환이란 목표를 달성하는 것이 어렵게 되었다. 전력 산업에서는 발전부문 경쟁이 도입되었지만, 송배전 부문과 판매 부문은 여전히 한국전력이 독점하고 있다. 이로 인해 전기 요금 규제 등으로 인해 완전한 시장 경쟁이 이루어지지 못했다. 가스 산업 역시 직도입 허용 등 진전이 있었지만, 민영화의 속도 조절 문제와 공공성 유지에 대한 논란이 지속되었다.

기후변화 대응도 미흡했다. 석탄 의존도를 낮추고 LNG 및 원자력 발전을 확대하는 정책이 추진되었지만, 신재생 에너지의 적극적인 육성은 부족했다. 기술 개발과 상용화의 속도가 느려서 시장 활성화가 부족하여 본격적인 신재생 에너지로의 전환이 이루어지지 못했다. 이에 따라 한국의 에너지 소비구조는 여전히 화석 연료에 대한 의존도가 높았으며, 기후변화 대응을 위한 체계적인 정책이 마련되지 못하는 한계를 보이게 되었다. 국제 사회에서 기후변화 대응 압력이 증가하면서 한국도 이에 대응하기 위한 정책 전환이 필요했으나, 1990~2000년대에는 화석 연료 감축보다 경제 성장과 에너지 공급 안정성에 보다 초점이 맞추어졌다.

전력 산업 개편 과정에서 이해관계자들과의 갈등이 심화되었으며, 정부의 추진 의지와 집행능력이 약화되면서 일관된 정책 시행이 어려워졌다. 특히, 가스 및 전력 시장 개방의 과정에서 가격 안정성과 공공 서비스 제공에 대한 불안감이 발생했다. 이는 공공성 유지와 자유시장 경쟁 사이에서 정책적 조정이 필요한 문제로 부각하였다.

한국은 에너지 안보 강화를 위해 해외 자원 개발과 수입선 다변화 정책을 추진했지만, 대외 의존도가 높은 에너지 공급구조는 여전히 큰 위험 요소로 남아 있다. 90년 걸프전쟁 같은 지정학적 리스크 등으로 국제유가가 급등하고 에너지 공급의 불안정성이 증가하면 한국은 보다 강력한 에너지 안보 전략을 마련해야 하는 필요성이 대두되었으나 위기가 끝나면 정책노력도 급속히 식었다.

3) 미래 에너지 정책 수립을 위한 시사점

이 당시 세계 에너지 시장이 상대적으로 안정됨에 따라 에너지 산업 구조조정은 국내 석탄 산업의 한계를 인정하고, 석유·전력·가스 등 다른 에너지 분야를 경쟁 기반으로 재편하여 효율성을 추구한 시도였다. 첫째, 석탄 산업 합리화는 축소가 불가피했던 부문을 정리하며 자원·예산을 신재생 에너지 및 새로운 사업으로 전환하는 과정이었다. 둘째, 석유 산업 자유화는 개방된 시장에서 민간투자와 경영혁신을 유도하며, 에너지 수급·유통의 효율성과 경쟁력 확보를 목표로 했다.

두 가지 방향 모두 단기적으로 지역 사회·노동시장 갈등, 시장 교란 등 시행착오가 존재했지만, 장기적으로는 한국 에너지 산업의 국제 경쟁력과 수급 안정성을 강화하는 계기가 되었다. 이후 공기업 민영화, 가스·전력 부문 구조 개편 등으로 확산되었으나, 이해관계 조정의 한계와 공공성 문제로 인해 일부 계획이 중단되기도 했다.

결과적으로 에너지 산업 구조조정은 사회적 보완책이 반드시 필요하다는 교훈을 얻었다. 시장에 대한 정부의 적정한 규제체제를 구축하고 신재생 에너지 등 차세대 산업 육성과 연계하여 추진해야 한다는 공통된 교훈을 남겼다. 이를 바탕으로 향후 에너지 정책 방향 관련 다음과 같은 시사점을 도출할 수 있다.

에너지 시장의 개방과 경쟁 촉진이 필요하지만, 동시에 에너지의 공공성을 유지하기 위한 정책적 보완이 요구된다. 1990~2000년대 에너지 산업의 자유화 정책은 효율성을 높였으나, 전기, 가스 등 공공요금 변동성과 석유 가격 불안정성이 증가하였다. 따라서 향후 에너지 시장 개편에서는 합리적인 규제 장치를 마련하여 시장 경쟁을 촉진하면서도 취약계층에 대한 가격 안정화 기금 등의 공공성 유지 방안을 병행해야 한다.

또한, 친환경 에너지 시스템으로의 전환을 추진하면서 기존 화석 연료 기반 산업 종사자들에 대한 재교육 및 일자리 지원 정책을 강화해야 한다. 1990년대 석탄 산업 합리화 과정에서 탄광 지역의 실업 문제와 경제 침체가 발생했던 사례를 반면교사로 삼아, 향후 에너지 전환 과정에서 소외되는 지역이나 계층이 발생치 않도록 '정의로운 전환(Just Transition)' 정책을 적극적으로 도입해야 한다. 이를 위해 신재생 에너지 및 친환경 산업으로의 고용 전환을 유도하는 재교육 프로그램, 전직 지원금, 지역 경제 활성화 정책을 마련해야 하며, 기존 화석 연료 관련 산업 종사자들이 새로운 에너지 산업에 적응할 수 있도록 지원해야 한다.

재생 에너지에 민간의 투자를 촉진하고 전력 시장의 개방을 확대해야 한다. 1990~2000년대 에너지 정책에서는 화석 연료 의존도가 높았으나 앞으로는 태양광, 풍력, 수소 등 신재생 에너지를 중심으로 한 에너지 시스템의 전환이 필요하고 강력한 정책 지원이 수반되어야 한다. 사업화 초기 위험 부담을 줄이기 위해 정부와 민간이 협력하여 장기적인 투자 계획을 수립하고 서로의 역할을 분담하여 효율적으로 집행하여야 한다.

1990년대 석유 산업 자유화 이후 가격 변동성이 커지고 국제유가 상승 시 소비자 부담이 증가했던 경험을 고려할 때, 향후 에너지 정책에서는 취약계층에 대한 가격 안정성을 확보할 수 있는 메커니즘을 구축하는 것이 필수적이다. 석유 안정화를 위한 기금과 같이 재원방안을 마련해야 한다. 재생 에너지 확대와 연계된 가격 안정 메커니즘을 마련하고, 에너지 비용을 장기적으로 예측 가능하게 만드는 제도적 장치를 도입해야 한다.

과거의 에너지 정책이 기술자립과 연관 산업의 생태계 조성과 같은 산업 정책과 연계하여 성공을 거둔 만큼 향후 친환경 에너지로 전환도 산업 생태계 육성을 위한 장기적인 전략을 필요로 한다. 이를 위해 정부는 탄소 중립 목표에 맞춘 장기적인 에너지 로드맵을 수립하고, 재생 에너지 및 수소 경제를 활성화하기 위한 구체적인 정책적 지원을 확대해야 한다.

마지막으로, 공공과 민간의 역할 조정을 통해 정부는 기후변화 대응 및 에너지 안보를 고려한 규제 및 인센티브를 적절히 운영하고, 민간 기업이 혁신을 주도할 수 있는 환경을 조성해야 한다. 과거에는 정부가 에너지 산업을 직접 관리·통제하는 방식이었지만, 시장 자유화 이후 민간 기업이 중요한 역할을 담당하게 되었다. 정부는 장기적인 에너지 안보 및 기후변화 대응을 위한 정책적 기반을 마련하고, 민간이 적극적으로 참여할 수 있도록 제도적 유인을 제공해야 한다.

3. 기후변화 대응과 미래 에너지 정책

1) 한국 에너지 산업의 변화와 도전 과제

세계는 지금 기후변화 대응과 탄소 중립(Net Zero) 달성을 위한 에너지 패러다임의 대전환을 맞이하고 있다. 한국 역시 2050 탄소 중립을 선언하며 기존의 화석 연료 중심 에너지 정책을 근본적으로 재편해야 하는 상황에 직면해 있다. 전 세계적인 탄소 중립 정책 강화와 국제 에너지 시장 변화에 따라 한국은 에너지 공급 안정성과 지속 가능한 발전을 동시에 고려해야 하는 복합적인 도전에 직면하고 있다.

첫째, 신재생 에너지, 수소, 원자력 등 무탄소 에너지의 최대한 활용과 에너지 효율 개선, 탄소 감축 기술 개발이 필수적이다.

둘째, 에너지 산업의 디지털화가 가속화되면서 스마트그리드, 인공지능(AI) 기반 에너지 관리 기술, 블록체인 기반 전력 거래 시스템 등 기술 혁신이 중요한 역할을 하게 되었다. 재생 에너지 발

그림 3.6 한국의 수입의존도

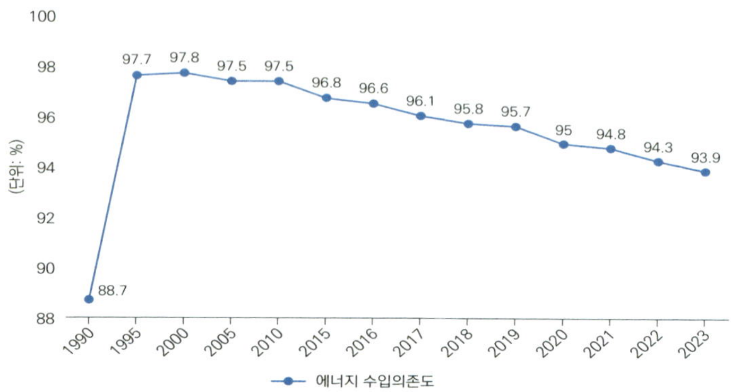

출처: 에너지온실가스종합정보 플랫폼, 2024

전 비중이 증가함에 따라 전력망의 유연성을 확보하고, 에너지 저장 및 수요 반응(Demand Response) 기술을 활용하여 에너지 공급의 안정성을 높이는 전략이 요구된다. 디지털화의 진행에 따른 급격한 전력 수요 증가를 감당할 수 있는 전력 공급의 안정적인 확대가 필요하다.

셋째, 글로벌 에너지 시장의 변화와 지정학적 리스크 역시 중요한 변수로 작용하고 있다. 한국은 부존자원이 부족한 '에너지 빈국'이다. 에너지 안보가 늘 중요한 국가적인 정책 과제이다. 러시아-우크라이나 전쟁과 같은 외부 충격이 에너지 가격과 공급 안정성에 미치는 영향을 고려해야 하는 숙명을 가진 나라이다. [그림 3-6]에서 보듯이, 한국은 에너지 수입 의존도가 95%를 상회하는 고도의 에너지 수입국이기 때문에, 최근 국제 유가 및 천연가스 가격의 급등은 한국 경제에 직접적인 타격을 주었다. 따라서 수입 에너지의 다변화와 해외 자원 개발 전략이 더욱 필요한 시점이 되었다.

넷째, 유럽연합(EU)의 탄소 국경 조정 메커니즘(CBAM)과 같이 주요 선진국들이 탄소 배출 및 환경 규제를 강화하면서 한국 기업의 대응 전략 마련이 시급하다. EU CBAM은 온실가스 감축을 위한 EU Fit-for-55 패키지 정책의 일환으로 온실가스 배출에 대한 국가 간 감축수준 격차를 보정하는 무역 제한적 조치다. 시멘트, 철강, 알루미늄 등 6개 품목을 대상으로 EU로 수입되는 상품의 실제 내재배출량에 대해 적용되며, EU 온실가스 배출권 거래제(ETS)와 연계되어 이행될 예정이다. 시행 후 EU 수입업체는 CBAM 인증서 구매 및 제출 의무가 발생하기 때문에 기업의 경우 제품 단위 탄소관리 확대 및 신뢰성 있는 탄소정보 검증과 같은 대응이 필요하다(표 3-2 참조).

표 3.2 EU CBAM 핵심 요소

구분	CBAM Regulation
적용품목	철강, 알루미늄, 시멘트, 비료, 전력, 수소(6개 품목)
시행 시기	2026년 1월 2년 3개월 시범운영(2023.10~2025.12)
CBAM 적용 품목 EU ETS 무상할당	2026년 개시 2033년 완전 폐지
적용 배출유형	직접배출 + 간접배출(시범운영 기간 보고 의무 有)
거버넌스	CBAM 전환기간 등록처(전환기간), CBAM 등록처(전면시행 시)
담당기관	회원국별 관할당국(국별로 지정)

출처: KEEI, 2023

한국의 향후 에너지 정책은 기후변화 대응, 에너지 안보 강화, 디지털 전환을 동시에 고려하는 종합적이고 장기적인 전략을 수립해야 한다. 기존의 화석 연료 중심의 에너지 시스템에서 벗어나 저탄소 에너지 중심으로 전환하는 동시에, 기술 혁신을 통해 효율성을 높이고 공급망 리스크를 안정적으로 관리하는 것이 중요하다. 이를 위해 정부, 기업, 학계가 협력하여 장기적인 에너지 로드맵을 수립하고 지속 가능한 에너지 체계를 구축해야 하며, 국제 시장에서의 경쟁력을 유지하면서도 탄소 중립 시대에 적응할 수 있는 정책적 노력이 필수적이다.

2) 향후 한국 에너지 정책의 주요 기조 및 방향

한국의 향후 에너지 정책은 지속 가능성(Sustainability), 안정성(Energy Security & Reliability), 혁신성(Innovation & Digitalization)을 중심으로 추진되어야 한다. 탄소 중립 목표가 확산되면서 석탄 및 화력 발전이 축소되고, LNG와 수소, 재생 에너지, 원전 중심으로 투자가 이동하는 흐름이 가속화되고 있다. 이에 따라 한국은 기후변화 대응과 산업부문의 저탄소화를 가속화하고, 글로벌 에너지 시장의 불확실성에 대비하는 에너지 안보 전략을 마련해야 한다.

(1) 지속 가능성을 위한 에너지 전환

탄소 중립을 실현하기 위해 신재생 에너지를 적극적으로 확대하고 화석 연료 사용을 단계적으로 감축하는 것이 필수적이다. 태양광, 풍력, 수소 등 청정 에너지의 비중을 확대하며, 산업 구조 전반을 저탄소화하는 정책을 병행해야 한다. 탄소포집·활용·저장

(CCUS) 기술, 수소 환원 제철 공정 등 신기술을 적극 활용하여 산업 부문의 탄소 배출을 줄이고, 수소 경제 활성화를 통해 친환경 에너지원의 활용도를 높여야 한다.

에너지 효율성을 강화하는 정책이 동반되어야 한다. 건물 및 수송 부문의 저탄소 전환을 가속화하고, 산업 부문에서는 고효율 설비 도입과 에너지 절약 기술을 확산해야 한다.

부존자원이 없는 우리에게 원자력 발전의 역할은 중요하게 고려되어야 하며, 소형 모듈 원자로(SMR) 개발 및 수출 전략을 통해 글로벌 시장에서 경쟁력을 확보해야 한다.

수소 경제 활성화를 위해서는 그린 수소 및 블루 수소 기술 개발과 인프라 투자를 확대하는 것이 필수적이다. 수소 혼소 발전 도입을 통해 초기 시장을 형성하고 수소 기반 산업 생태계를 조성해야 한다. 일본과 호주 등 우리와 이해관계를 공유하는 나라들과 글로벌 협력을 강화하는 전략이 필요하다.

(2) 에너지 안보 강화를 위한 공급망 전략

기후위기와 글로벌 에너지 공급망 리스크가 확대되면서 우리가 해결해야 할 에너지 안보는 더욱 복잡하고 중요하다. 러시아-우크라이나 전쟁, 중동 지역의 지정학적 갈등, 국제 에너지 시장의 변동성을 고려하여 수입 에너지의 공급 안정성을 확보하는 전략은 항상 최우선 과제이다. 이를 위해 에너지원 수입선 다변화, 해외 자원 개발 확대, 안정적인 비축 시스템 구축 등이 필수적이다.

원자력과 신재생 에너지를 균형 있게 활용하는 정책을 추진하여 전력 공급의 안정성을 높여야 하며, 기업들은 해외 자원 개발 및 오일·가스 프로젝트에서도 최대한 탄소 중립 기준을 준수하는 ESG(환경·사회·지배구조) 전략을 도입해야 한다. 국제적인 기후 정책 흐름에 적극적으로 대응하여 글로벌 탄소 시장에서 기회를 만들고 다양한 차원의 에너지 협력 체제에 적극적으로 참여해야 한다.

(3) 디지털 혁신을 통한 에너지 효율성 극대화

에너지 산업의 디지털화를 촉진하고 혁신적인 기술을 도입하는 것이 미래 에너지 정책의 핵심 요소가 되어야 한다. 더불어 모든 면에서 급속히 진행되는 디지털화에 따른 전력 수요에 대응하는 전력 공급시스템을 구축해야 한다. 스마트그리드, AI 기반 에너지 관리 시스템, IoT 및 빅데이터를 활용한 전력 수요 예측 및 최적화 등의 기술을 적극적으로 도입하여 에너지 시스템의 효율성을 높여야 한다.

분산형 에너지 시스템 구축은 기존의 중앙 집중형 에너지 공급 체계에서 벗어나 보다 유연하고 효율적인 에너지 운영을 가능하게 한다. 가정 및 기업이 직접 전력을 생산하고 거래하는 P2P 전력 거래 시장을 활성화하며, 블록체인 기반 전력 거래 시스템을 도입하여 에너지 거래의 투명성을 높여야 한다. 분산자원 중개시장은 기존의 중앙 집중형 전력망에서 벗어나 소규모 분산형 자원을 효율적으로 활용하는 새로운 에너지 시장 모델이다. 이를 통해 개별 소규모 전력 생산자(가정용 태양광, ESS, 마이크로 그리드 등)가

전력 시장에 직접 참여할 수 있다. 이러한 분산자원 중개시장을 도입하여 개인과 기업이 손쉽게 전력 생산 및 거래에 참여할 수 있는 '에너지 프로슈머' 시대를 열어갈 수 있다.

산업 부문에서는 스마트 센서를 활용한 에너지 관리 시스템을 도입하고, 제조업 및 건설업 등 에너지 다소비 산업에서 에너지 절감 기술을 적용해야 한다. 이를 통해 에너지 데이터 분석과 최적화 기술을 적극적으로 활용하여 산업 전반의 에너지 소비 패턴을 개선해야 한다.

(4) 정의로운 전환(Just Transition)과 신산업 육성

에너지 전환 과정에서 기존 화석 연료 산업 종사자가 심각한 피해를 입지 않도록 정의로운 전환(Just Transition) 정책을 시행해야 한다. 석탄·화석 연료 산업 종사자들의 재교육 및 신산업으로의 전환을 적극적으로 지원하며, 이를 위한 정부 차원의 지원책이 마련되어야 한다. 독일의 'Coal Commission' 사례처럼, 기존 산업의 일자리 손실을 최소화하고 신재생 에너지 및 저탄소 산업으로의 전환을 연계하는 것이 중요하다.

탄소 중립 신산업과 일자리 창출도 연계해야 한다. 수소, 배터리, 재생 에너지 관련 고용을 확대하고, 전문 인력 양성을 위한 교육 및 훈련 프로그램을 도입해야 한다. 연구개발(R&D) 및 스타트업 지원을 통해 에너지 기술 혁신과 고부가가치 산업을 육성하는 것이 중요하다.

3) 정책적 시사점

향후 한국의 에너지 정책이 효과적으로 추진되기 위해서는 다음과 같은 정책적 고려가 필요하다.

첫째, 에너지는 장기적인 안목이 필요한 분야이며, 정책의 일관성이 매우 중요하다. 과거 1970~80년대 오일쇼크를 겪으며 한국은 일관된 에너지 안보 전략을 유지하며 위기를 극복한 경험이 있다. 이를 바탕으로, 정권 교체와 관계없이 일관성 있는 정책 프레임워크를 유지하며, 2050 탄소 중립 목표에 맞춰 단계적 이행 계획을 마련해야 한다. 단기적인 정책 변동성을 줄이고, 지속 가능한 에너지 전환을 위한 장기적인 로드맵을 확립하는 것이 필요하다.

둘째, 에너지 산업의 변화 속도가 빠르게 진행되고 있는 만큼, 정부는 민간의 혁신을 적극적으로 지원하는 방향으로 정책을 전환해야 한다. 재생 에너지, 수소, 에너지 IT 등의 분야에서 스타트업과 대기업 간 협업을 촉진하고, 규제를 완화하여 시장 중심의 혁신을 유도해야 한다. 특히, 한국형 '에너지 전환(Energiewende) 모델'을 정립하여, 기존 화석 연료 중심에서 벗어나 재생 에너지, 수소, 원전 등을 적절히 활용하며 스마트 에너지 시스템 중심으로 정책을 이동하는 것이 필요하다.

셋째, CBAM, 글로벌 탄소 배출권 시장, 에너지 기술 협력 등 국제적인 정책 변화에 선제적으로 대응해야 한다. 한국은 수소 경제, 전기차 배터리, 재생 에너지 기술의 경쟁력을 확보하고 있다. 새로운 에너지 기술분야에서 글로벌 리더십을 확보할 수 있도록 산업을 육성해야 하며, 글로벌 RE100 확산에 대응하는 전략과 정책을 정부와 민간이 함께 마련해야 한다. 한국이 원자력, 수소, CCUS 등 첨단 에너지 기술의 수출국으로 자리매김할 기회가 있는 만큼, 글로벌 경쟁력을 확보할 수 있도록 연구개발(R&D) 투자를 확대해야 한다.

넷째, 전력망 안정성 확보 및 공급망 다변화를 위해 원전과 재생 에너지의 조화가 필요하다. 에너지 공급의 신뢰성을 유지하면서 탄소 중립을 달성하기 위해, 한국형 원자력 기술(i-SMR)과 신재생 에너지를 결합한 하이브리드 에너지 시스템을 마련해야 한다. 탄소포집(CCUS) 및 이산화탄소 활용 기술 개발을 병행하여 산업 부문의 탄소 배출을 저감하는 전략이 필요하다.

다섯째, 에너지 시스템의 효율성을 높이기 위해 스마트그리드, AI 기반 에너지 관리 시스템, 빅데이터 분석 등을 적극적으로 활용해야 한다. 특히, 분산형 전원(Distributed Energy Resources, DER) 확대 및 개인 간 전력 거래(P2P) 시스템 구축을 통해 에너지 생산과 소비 구조를 혁신해야 한다. 유럽과 미국에서는 스마트그리드와 AI 기술을 활용한 전력망 최적화가 활발히 이루어지고 있으며, 한국도 이를 적극적으로 도입해야 한다.

여섯째, 에너지 산업의 변화가 산업 및 지역 사회에 미치는 영향을 고려해야 한다. 독일은 에너지 전환 과정에서 석탄 산업 등 기존 화석 연료 산업 종사자의 재교육 및 신산업으로의 전환을 적극 지원하는 Coal Commission 모델을 운영하고 있다. 이러한 사례를 분석하여 한국도 정의로운 전환(Just Transition) 정책을 강화해야 한다.

1. 국내 전력 및 가스 산업 구조 개편 경험
2. 현재 에너지 산업의 거버넌스와 갈등 해결 방안
3. 미래 한국의 에너지 전환

CHAPTER 04

국내 에너지 산업과 시장 현황

1. 국내 전력 및 가스 산업 구조 개편 경험

1) 구조 개편의 배경과 추진 과정

한국의 전력 및 가스 산업 구조 개편은 1997년 IMF 외환위기 이후 정부가 추진한 공공부문 개혁의 일환으로 본격화되었다. 그런데, 이러한 논의는 민주화가 진행된 노태우 정부 시기부터 공기업 독점 구조의 비효율성과 투명성 부족에 대한 문제의식 속에서 제기되어 왔으며, 외환위기를 계기로 개혁의 속도와 강도가 높아지게 되었다. 당시 정부는 에너지 산업의 효율성을 높이고, 민간의 참여와 경쟁을 유도함으로써 재정 부담을 완화하고 산업 혁신을 도모하고자 했다.

국제적으로도 영국, 호주, 미국, 뉴질랜드 등 여러 국가에서 에너지 산업의 민영화와 경쟁 도입을 핵심 내용으로 구조 개편(restructuring)이 활발히 이루어졌으며, 이 같은 흐름은 한국의 정책 방향에도 영향을 미쳤다. 이에 따라 정부는 한국전력공사(한전)의 수직적 통합 구조를 분할하고, 발전과 판매 부문에 경쟁을 도입하는 계획을 수립하였다. 실제로 전력 산업 구조 개편의 일환으로 한전의 발전 부문을 6개 자회사(한수원, 남동, 중부, 서부, 남부, 동서발전)로 나누었고, 이후 배전 및 판매 부문에서도 경쟁을 도입하려는 계획이 있었다(그림 4-1 참조).

그러나 외환위기를 벗어나자 2004년을 전후로 사회적 반발이 거세지면서 배전 및 판매 부문의 구조 개편은 중단되었다. 특히 노조의

그림 4.1 대한민국 전력 산업 연혁

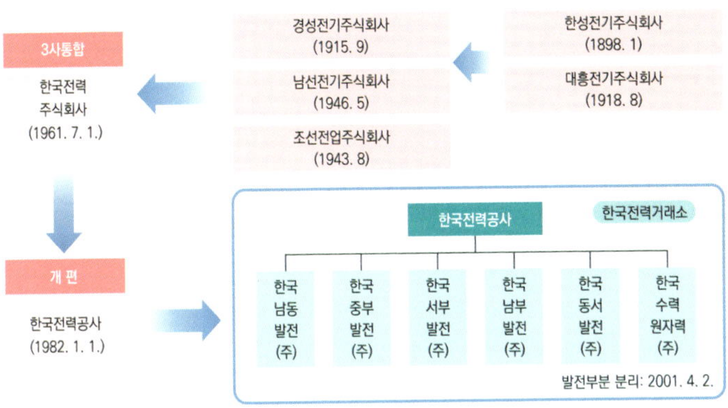

출처: KIPF, 2012

반대, 요금 인상, 공기업 분할이 외국 자본의 시장 장악으로 이어질 수 있다는 우려 등이 강하게 제기되면서 개편의 정당성과 지속 가능성이 크게 흔들렸다.

그러나 외환위기를 벗어나자 2004년을 전후로 사회적 반발이 거세지면서 배전 및 판매 부문의 구조 개편은 중단되었다. 특히 노조의 반대, 요금 인상, 공기업 분할이 외국 자본의 시장 장악으로 이어질 수 있다는 우려 등이 강하게 제기되면서 개편의 정당성과 지속 가능성이 크게 흔들렸다.

가스 산업에서도 마찬가지로 도입·공급의 독점 구조를 개편하려는 시도가 있었으나, 공공성 약화와 에너지 안보에 대한 우려 등으로 인해 전면적인 구조 개편은 이루어지지 못했고, 일부 대규모 수요자(발전사, 대기업 등)에 한정된 민간 직도입 허용 방식으로 제한되었다.

한국의 제도적·시장적 여건이 해외와는 달랐음에도 불구하고, 당시 캘리포니아 등 구조 개편을 실시한 지역에서 광역정전이 발생하는데 외국 사례를 그대로 모방하려는 것이 타당하냐는 논란과 함께 이를 뒷받침할 독립적 규제기관, 시장 감시체계 등의 제도 기반이 부족했던 점도 추진 실패의 주요 원인으로 지적되었다.

결과적으로, 전력과 가스 산업의 구조 개편은 정치적 필요성과 외부 충격에 의해 성급하게 추진되었고, 제도 설계와 사회적 합의가 부족한 상황에서 하향식 방식으로 이루어지면서 지속 가능한 개혁으로 이어지지 못했다. 이후 개편은 전면적 재편보다는 부분적 민간 참여 확대와 같은 제한적 방식으로 조정되어 왔으며, 이에 따른 보완과 논의는 현재까지도 계속되고 있다.

2) 주요 교훈

국내 전력 및 가스 산업 구조 개편 추진 과정에서 얻은 교훈은 다음과 같다.

첫째, 전력의 특수성을 고려한 현실적 접근의 필요성이다. 급진적인 개혁보다는 현실적인 여건을 고려한 단계적 추진이 중요하다. 캘리포니아의 경우, 2000년과 2001년 사이 전력 시장 개방 이후 도매 시장 가격이 MWh 당 300$ 이상으로 급등하였다. 일부 기업들이 시장을 조작하여 추가적인 가격 상승을 유도하는 등의 문제가 발생했다.[8] 캘리포니아 전력 위기의 사례는 급격한 시장 개방이 전력 공급이 부족한 상황에서 제대로 대처하지 못해 실패로 이어 질 수 있음을 보여주는 대표적인 사례로 한국의 전력 시장 개편에도 중요한 시사점을 제공한다. 한국에서도 발전 부문에 경쟁을 도입한 후 배전 및 판매 부문으로 확대하는 점진적 개혁을 계획했으나, 사회적 반발로 중단되었다. 따라서 시범사업과 철저한 모니터링을 통해 리스크를 줄이는 방식이 필요하다.

둘째, 사회적 합의의 중요성이다. 에너지 산업 구조 개편 과정에서 노조, 시민단체, 산업계 등의 반발이 강했으며, 외환위기를 벗어나자 실질적인 사회적 합의 도출에 실패한 사례라고 할 수 있다. 노동계는 고용 불안을, 시민단체는 요금 인상 및 공공성 훼손 우려를 제기하였다. 충분한 정보 공개와 국민적 공감대 형성 없이 추진된 정책은 지속성이 약화될 가능성이 크다. 김대중 정부 시절 전력 산업 구조 개편은 경쟁체제 도입을 통해 전력 산업의 효율성을 높이고 민간 투자 확대를 목표로 진행되었다. 이러한 목표를 달성하기 위해 3단계의 전력 산업 구조 개편을 추진하였으나, 한전의 노동조합과 시민단체의 강력한 반발로 개편이 무산되었다. 정부는 발전 부문만 6개 자회사로 분리했으나 송배전·판매 부문 개방을 결국 포기하고 한전이 여전히 송배전과 판매를 독점하는 구조를 유지하고 있다. 이 사례는 향후 공공부문 개혁이나 민영화 논의에서 신중한 사회적 합의가 필요함을 보여준다.

---

8) 자료: Mann, Ryan. (2016). Electricity Markets, Optimal Power Flow, & LMP. (검색일: 2025.03.16.)

셋째, 공공성과 시장 효율성의 균형이다. 전력과 가스는 공공재적 성격을 갖는 필수재라는 특성을 고려하면서 시장 효율성을 높이는 경쟁체제를 함께 고려해야 한다. 원자력·송배전망 등 핵심 인프라는 국가 주도 운영이 적합하지만, 발전 및 판매 부문에서는 민간 경쟁 도입을 통한 혁신의 유도가 필요하다. 가스 산업에서도 일정 규모 이상의 산업체에 LNG 직도입을 허용하여 제한적 경쟁을 도입한 것은 의미 있는 변화였다. LNG 직도입 허용은 전력구매 비용 감소 가능 산업 경쟁력 강화, LNG 신산업 및 기술 개발 투자 촉진 가능과 같은 긍정적인 효과를 가져올 수 있다.

넷째, 정책 일관성과 연속성의 부족이다. 김대중 정부에서 시작된 전력 산업 구조 개편이 노무현 정부에서 중단되었으며, 이후 실질적 진전이 없었다. 정권 교체에 따른 정책 단절이 에너지 산업의 장기 발전을 저해할 수 있다. 에너지 산업은 장기적 관점이 필요한 분야임에도 불구하고, 정권 교체에 따라 정책 방향이 달라지고 일관성이 훼손되면서 시장의 불확실성과 민간 참여 위축, 신기술의 사업화 지연으로 이어졌다. 구조 개편은 단기 성과가 아니라 중장기 계획이 뒷받침되어야 하며, 이를 위해 정치적 영향력을 최소화할 수 있는 규제기관의 역할이 중요하다.

다섯째, 요금 구조의 왜곡과 공기업 재정 부담이다. 정치적 이유로 전기·가스 요금이 원가 반영 없이 유지되면서 한국전력과 가스공사의 누적 부채가 증가하고, 장기적 투자 역량이 크게 약화되었다(그림 4-2 참조). 이로 인해 시장 참여자들에게 정책의 예측 가능성이 낮아지고, 민간 투자마저 위축되는 결과를 초래하였다.

그림 4.2 에너지 관련 공기업 부채(단위: 천억 원)

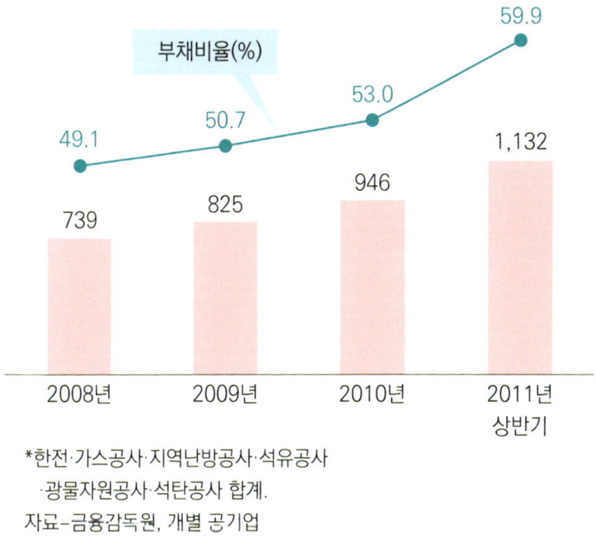

출처: 매일경제

마지막으로, 전력 및 가스 수급 안정성 확보의 필요성이다. 캘리포니아 전력 위기처럼, 에너지 시장 개방 시 비상시 수급 안정성을 고려해야 한다. 발전소 건설, 송전망 확충 등의 장기적 인프라 투자 계획이 필요하며, 규제기관을 통한 시장 감시와 불공정 행위를 방지하는 것도 필수적이다.

이러한 교훈들을 바탕으로, 향후 전력 및 가스 산업 구조 개편을 추진할 때에는 신중한 접근과 사회적 합의, 공공성과 시장 효율성의 균형, 정책의 일관성, 요금 구조의 현실화, 그리고 수급 안정성 확보를 위한 철저한 대책이 필요하다.

3) 향후 전력·가스 산업 개편 방향

향후 전력 및 가스 산업의 개편은 과거의 단순한 민영화·분할 중심에서 벗어나, 에너지 전환, 기술 혁신, 분산형 자원의 확산, 그리고 사회적 신뢰 회복이라는 새로운 과제에 대응하는 전략적 접근이 필요하다. 과거의 실패를 교훈 삼아, 개편은 단지 소유 구조의 변화가 아니라 에너지 산업의 지속 가능성과 유연성을 높이는 방향으로 제도적 설계가 이뤄져야 한다.

정책의 일관성과 연속성 확보가 핵심이다. 에너지 산업은 장기적 투자가 필요한 분야이므로, 정권 교체와 무관하게 지속 가능한 정책 방향이 유지되어야 한다. 이를 위해 정치적 영향을 최소화한 독립적인 에너지 규제기관을 설립하고, 해당 기관이 요금 정책과 시장 감시 기능을 수행함으로써 정책의 일관성과 시장의 투명성을 확보해야 한다. 독립 규제기관은 전문성을 바탕으로 합리적인 요금 결정, 투자 신뢰도 제고, 불공정 행위 감시 등 핵심적 임무를 수행하게 될 것이다.

사회적 합의 과정의 강화가 필수적이다. 과거의 구조 개편이 하향식 방식의 추진으로 인해 반발과 저항에 직면했던 점을 고려할 때, 향후에는 노조, 시민단체, 산업계 등 이해관계자와 충분한 협의와 소통을 통한 정책 설계가 전제되어야 한다. 특히, 정책 목적과 방향, 제도 설계에 대한 충분한 정보 공개와 국민적 공감대 형성은 개편의 정당성과 지속성을 확보하는 데 필수적이다.

공공성과 시장 경쟁의 균형 유지 또한 중요하다. 전력과 가스는 공공재적 성격을 가진 필수재이기 때문에, 핵심 인프라(송배전망, 저장시설 등)는 국가 주도로 운영하여 공급 안정성과 공공성을 확보하되, 발전 및 판매 부문은 민간의 경쟁 참여를 통해 효율성과 혁신을 유도하는 이원화 구조가 바람직하나 지금 개편 논의가 중단된 것은 매우 아쉽다. 특히, 기존의 중앙 집중형 공급 구조에서 벗어나, 분산형 자원, 프로슈머, 중개 사업자 등 다양한 주체가 참여하는 유연한 시장 구조로의 전환도 필요하다. 이를 통해 소비자 선택권이 확대되고, 디지털 기술과 융합된 플랫폼형 에너지 시장 체계가 구현될 수 있다.

가스 산업 역시 직도입 확대, 계약 구조의 유연화, 공급선 다변화 등 시장 기능 강화를 추진하되, 발전용 수요 비중이 높은 특성을 고려하여 전력 시장과 연계된 통합직 정책 설계가 요구된다. 더 나아가 수소, 암모니아 등 탄소 중립 에너지원과의 연계성도 고려하여 가스 산업의 중장기적인 전환 전략이 마련되어야 한다.

마지막으로, 에너지 공급의 안정성 확보는 구조 개편 이후에도 지속적으로 관리되어야 할 핵심 과제다. 발전소 건설, 송전망 확충 등 장기적 인프라 투자 계획과 수급 안정 대책이 병행되어야 하며, 규제기관의 시장 감시와 비상 대응 체계를 통해 대규모 정전이나 가격 급등 등 위험을 예방해야 한다.

향후 전력·가스 산업은 단기적인 분할이나 민영화의 틀을 넘어서, 정책 일관성과 사회적 수용성, 공공성과 효율성, 기술 변화 대응력과 수급 안정성이라는 다차원적 요소를 균형 있게 반영하는 종합 개편 전략으로 추진되어야 한다. 이를 통해 에너지 산업은 지속 가능하고 유연하며, 국민에게 신뢰받는 체제로 거듭날 수 있을 것이다.

2. 현재 에너지 산업의 거버넌스와 갈등 해결 방안

1) 중앙 정부와 지방 정부의 역할

국내 전력, 가스와 같은 에너지 산업에서 중앙 정부와 지방 정부의 상호 보완적인 협력 구조가 더욱 필요하다. 지금까지 중앙 정부는 거시적 정책 방향을 설정하고, 지방 정부는 지역 특성에 맞는 정책 실행을 담당하는 방식이었으나 지방 정부가 점점 정책 결정에 참여하려고 한다.

중앙 정부는 국가 에너지 정책을 수립하고, 기간 시설을 관리하며, 시장 조율과 규제를 담당해야 한다. 국가 에너지 기본계획을 수립하고 장기적인 에너지 수급 계획을 마련하며, 탄소 중립과 신재생 에너지 확대, 원자력 운영 등 거시적인 에너지 전략을 책임져야 한다. 또한, 공공성과 시장 효율성을 균형 있게 조율하며, 국가 기간 시설을 중앙 정부 주도로 운영하되 시장 경쟁을 촉진할 수 있는 정책을 병행해야 한다. 이를 위해 민간의 신재생 에너지 발전 참여를 확대하고 공공성과 시장 효율성을 고려한 정책적 조율이 필요하다.

에너지 정책의 중앙 집중도를 완화하고 지방 정부가 지역 특성에 맞는 에너지 정책을 추진할 수 있도록 지원해야 한다. 신재생 에너지와 분산형 발전 등 지방 정부의 역할이 커지는 분야에서는 중앙 정부가 재정적·기술적 지원을 제공해야 한다. 중앙 정부는 국가 차원의 에너지 데이터 플랫폼을 운영하고, 지역별 에너지 수요와 공급 현황을 분석하여 지방 정부와 공유해야 하며, 지방 정부의 에너지 정책 역량을 강화하기 위해 기술 지원 및 교육 프로그램을 제공해야 한다.

지방 정부는 중앙 정부의 정책 방향을 기반으로 지역 특성에 맞는 세부 이행 계획을 수립하고 실행해야 한다. 예를 들어, 풍력·태양광 등의 신재생 에너지 개발을 적극적으로 추진하고, 지역 내 에너지 소비 패턴을 반영한 정책을 마련해야 한다. 발전소 입지 선정, 송전망 경로 결정 등에서 지방 정부는 주민 의견을 적극적으로 반영하고 갈등을 조정하는 역할을 수행해야 한다. 발전소 주변 지역 지원 및 송전선로 통과 지역에 대한 보상 방안을 마련하여 지역 사회와의 갈등을 최소화하는 것도 지방 정부의 핵심 역할 중 하나다.

지역 내 신재생 에너지나 소형 원전 확대를 위해 분산형 에너지 시스템을 구축해야 한다. 분산 에너지를 통한 전력 공급은 송전망 건설을 줄이고 지역의 특성을 반영한 에너지 시스템을 구축할 수 있다. 예를 들어, 500MW 이하의 분산자원을 활용하여 자급자전(지역 내 전력 생산·소비)을 가능하게 하고, 집단 에너지 사업이나 구역 전기 사업을 연계하여 분산형 전력체계를 구축할 수 있다. 에너지 정책을 지역 산업과 연계하여 경제 활성화의 기회로 활용해야 한다. 특히, 풍력·태양광 등 지역 내 신재생 에너지 사업을 기반으로 지역 경제를 활성화하는 전략을 추진함으로써, 지속 가능한 에너지 전환과 지역 발전을 동시에 도모할 필요가 있다.

중앙 정부와 지방 정부 간의 협력 체계를 강화해야 하며, 이를 위해 중앙 정부가 주도하는 정책 방향 아래 지역 특성을 반영할 수 있는 협의 채널을 구축해야 한다. 중앙과 지방이 함께 참여하는 에너지 정책 협의체를 활성화하고 발전소 입지 및 송전망 경로 문제로 인한 지역 간 갈등이 일상화되지 않도록 근본적인 대책을 마련해야 한다.

2) 공기업과 민간 및 시장의 역할

전력, 가스와 같은 에너지 산업의 전환이 본격화되면서, 공기업과 민간, 시장의 역할은 과거의 중앙 집중형 모델에서 벗어나 기능 중심의 재구성이 요구되는 전환점에 있다. 현재의 공기업 중심 구조가 에너지 전환과 기술 혁신, 지역 자율성 확대라는 새로운 흐름에 부합하지 못하고 있으며, 이에 따라 공공성과 효율성의 조화를 이룰 수 있는 새로운 거버넌스 체계로의 전환이 필요하다.

공기업은 안정적인 에너지 공급과 공공성 확보를 기본적인 역할로 수행하면서, 민간과 협력하여 혁신과 효율성 향상을 도모해야 한다. 한국전력과 한국가스공사 등 공기업은 전력망과 가스 공급망을 운영하고, 국가 기간망의 유지와 에너지 공급 안정성을 책임져야 한다. 또한, 신재생 에너지와 차세대 전력망 같은 대규모 기술혁신 분야를 주도적으로 추진해야 한다. 이를 통해 기후변화 대응과 에너지 전환 목표를 달성하는 데 기여해야 한다. 그러나 기존처럼 모든 분야를 공기업이 독점적으로 수행하는 구조는 더 이상 지속 가능하지 않다. 변화하는 에너지 환경에 따라 기술 변화에 빠르게 대응하고, 지역 맞춤형 사업을 설계하며, 다양한 참여자들이 활발히 진입할 수 있는 유연한 시장 구조가 필요하다.

이에 따라 신재생 에너지, 분산형 에너지, 소규모 전력중개 시장 등의 분야에서 민간이 주도적으로 참여할 수 있도록 정책과 제도적 틀을 마련해야 한다. 민간은 투자와 기술 혁신, 새로운 금융 및 비즈니스 모델을 통해 에너지 산업의 경쟁력과 창의성을 높이는 데 기여할 수 있으며, 이미 일부 분야에서는 민간이 공기업보다 앞서 기술을 실증하고 시장을 창출하고 있다. 공기업이 담당하기 어려운 신속한 기술 개발과 시장 반응형 에너지 서비스를 제공하여 에너지 산업의 효율성을 높여야 한다. 신재생 에너지 발전소 건설, 에너지 저장장치(ESS), 가상발전소(VPP) 등의 새로운 에너지 사업에서 민간의 적극적인 참여가 필요하다.

공기업과 민간의 협력적 파트너십을 강화하여 시너지 효과를 창출해야 한다. 공공이 민간 참여를 배제하거나 지배하려는 구조가 아닌, 민간이 실험하고 성공한 모델을 공공이 제도화·확산하는 상향식(bottom-up) 정책 구조로의 전환이 필요하다. 대규모 에너지 인프라 구축 시 공공과 민간이 공동으로 투자하고 운영하는 협력 모델을 적극적으로 활용한다. 공기업의 안정성과 민간의 혁신성을 결합한 사업 모델을 개발하여 장기적인 지속 가능성을 확보해야 한다. 대규모 재생 에너지 프로젝트, 스마트그리드 구축, 전기차 충전 인프라 확충 등에서 민관 협력 모델을 더욱 활성화할 필요가 있다.

에너지 시장 내 공정한 경쟁 환경을 조성하기 위해 규제 형평성을 확보해야 한다. 공기업과 민간기업 간의 규제 차이를 최소화하고, 민간의 시장 진입 장벽을 완화하여 공정한 경쟁을 촉진해야 한다. 이를 위해 독립적인 규제기관을 운영하여 시장 감시와 공정성 확보 기능을 강화해야 한다.

공기업의 운영 방식 개선을 통해 투명성과 효율성을 높여야 한다. 현재의 공기업 경영평가가 재무성과 중심으로 이루어지는데 공공성, 에너지 전환 기여도 등을 함께 평가하여 공기업의 역할이 끝난 기업은 과감하게 민간에 이양하는 등 구조 개편을 상설화 해야 한다. 장기적인 투자와 혁신을 가능하게 하는 경영 자율성과 책임성을 강화하는 방식으로 공기업 운영 방식을 개선해야 한다.

에너지 요금은 원가와 수요 관리를 고려한 요금체계를 설계하여 에너지 자원의 효율적 배분을 유도해야 한다. 에너지 취약계층 보호와 산업 경쟁력 제고를 위한 보완 장치도 함께 마련하여 공공성을 유지하면서도 시장 기능을 효과적으로 활용할 수 있도록 해야 한다.

공기업과 민간 및 시장이 각자의 강점을 살려 협력할 때, 에너지 산업의 지속 가능성이 확보될 수 있다. 공기업은 기간망과 공공성을 담당하며 안정성을 유지하고, 민간은 혁신적인 기술과 유연성을 바탕으로 시장의 변화에 신속하게 대응해야 한다. 이러한 역할 분담과 협력을 통해 한국의 에너지 산업이 지속적으로 발전하고, 에너지 전환 목표를 성공적으로 달성할 수 있도록 해야 한다.

3) 국가 기간 시설 확충과 개인의 권리 충돌 문제 해결 방안

모든 국가에서 에너지 부문의 산업에서 국가 기간 시설 확충은 필수적인 과제이지만, 이에 따른 주민 반발과 개인의 권리 충돌 문제를 효과적으로 해결하는 것이 중요하다. 한국의 경우, 발전소, 송전선로, 가스 배관 등의 주요 인프라 건설 과정에서 지역 주민과의 갈등이 지속적으로 발생해 왔으며, 이를 해결하지 못하면 사업이 지연되거나 좌초될 위험이 크다. 따라서, 국가 기간 시설 확충과 개인의 권리 보호를 조정할 수 있는 체계적인 접근이 필요하다.

국가 기간 시설 확충 과정에서 가장 중요한 것은 투명한 절차와 체계적인 주민 의견 수렴 과정을 마련하는 것이다. 과거의 '공공의 이익'을 앞세운 일방적 정책 추진 방식은 더 이상 유효하지 않으므로 에너지 인프라 건설이 지역 주민에게 미치는 영향을 고려하여, 초기 단계부터 계획을 공개하고 주민 의견을 적극적으로 반영해야 한다. 한편, 정당하게 결정된 행정 사항은 지방 정부에서도 주민을 설득하여 갈등이 확산되지 않도록 해야 한다. 다양한 이해관계자가 참여할 수 있는 공청회, 주민 협의체, 전문가 검토위원회 등을 공식적인 절차로 도입해야 한다.

이러한 갈등을 해소하는 방안으로 이익공유제(Benefit Sharing)의 제도화를 들 수 있다. 예를 들어, 대규모 발전소나 송전선이 설치되는 지역 주민에게는 전기 요금 할인, 지역개발 기금 지원, 시설 지분 참여, 우선 고용 기회 부여 등 실질적 혜택을 제공하는 방식이다. 이러한 제도는 단순한 손해보상에서 벗어나, 지역 사회가 사업의 공동 수혜자이자 파트너로 참여하는 구조를 만들어 수용성을 높이는 데 효과적이다. 풍력발전단지 조성 시 인근 주민에게 수익 일부를 배당하거나, 마을 기금 조성에 활용하는 사례가 확산되어야 한다.

국가 기간 시설 확충에 따른 개인의 재산권 보호와 보상 문제도 중요한 요소이다. 에너지 시설이 들어서면서 발생할 수 있는 재산 가치 하락, 환경적 영향, 생활권 침해 등의 문제를 고려하여 합리적인 보상 체계를 마련해야 한다. 단순히 일회성 보상금 지급 방식에서 벗어나, 장기적인 지역개발과 연계된 보상 정책을 수립할 필요가 있다. 발전소 주변 지역에 대한 지원 사업을 확대하고, 송전선로나 가스 배관이 통과하는 지역에는 경제적 이익을 공유할 수 있는 방안을 마련해야 한다. 예를 들어, 주민들이 직접 투자할 수 있는 지역 에너지 개발 펀드를 조성하거나, 일정 비율의 발전 수익을 지역 사회와 공유하는 모델을 도입하는 것도 하나의 해결책이 될 수 있다.

법적·제도적 개선을 통해 에너지 시설 입지 과정에서 객관적이고 공정한 기준을 확립하는 것도 필수적이다. 인·허가 절차를 효율적으로 개선하고, 지역주민의 의견을 반영하는 공식적인 협의 절차를 강화해야 한다. 동시에, 주민 의견 수렴과 환경 보호를 위한 일정 수준의 규제는 반드시 준수해야 한다. 이를 위해 독립적인 갈등 조정 기구를 운영하여 시설 입지 과정에서 발생하는 이해관계 충돌을 중재할 역할을 수행할 필요가 있다.

장기적으로는 분산형 에너지 시스템을 확대하여 대규모 시설 입지에 따른 갈등을 최소화하는 전략도 필요하다. 마이크로그리드, 지역 단위 소규모 발전소, 에너지 프로슈머 확대 등을 통해 지역에서 자체적으로 전력을 생산하고 소비하는 구조를 만들면, 대규모 송전선로 및 발전소 건설의 필요성을 점진적으로 줄일 수 있다. 이는 주민들의 반발을 줄이면서도 에너지 공급의 안정성을 확보하는 효과적인 방법이 될 수 있다.

중립적이고 독립적인 갈등 조정 기구가 필요하다. 정부나 사업자가 직접 주민과 협상할 경우 신뢰를 얻기 어렵고, 갈등이 격화되기 쉬우므로, 제3의 조정 기구가 사안의 중립성을 확보하고, 합리적인 협상과 중재를 이끌 수 있어야 한다. 한국에서도 일부 대형 국책사업에서 민관협의체, 사회적 합의기구가 운영된 사례가 있으며, 이를 에너지 인프라 갈등에도 적용할 수 있다.

4) 해외 사례와 시사점

해외 여러 국가에서는 에너지 인프라 구축 과정에서 주민의 참여를 확대하고, 공정한 보상 체계를 마련하며, 독립적인 중재기관을 통해 갈등을 조정하는 등의 방식으로 문제를 해결하고 있다.

독일의 경우, '에너르기벤데(Energiewende)' 정책을 추진하며 시민 참여와 지방분권 모델을 적극적으로 도입하였다. 지역 사회와 주민이 직접 참여하는 에너지 협동조합을 운영하여 재생 에너지 확대의 핵심 주체로 성장할 수 있도록 하였으며, 이는 중앙 정부의 정책 방향과 지방 정부의 자율성이 조화를 이루는 사례로 평가받는다. 2010년과 2014년을 비교해 보면, 100% 재생 에너지 지역의 수는 72개에서 146개로 약 2배 증가하였으며, 재생 에너지를 사용하는 인구 수도 7.8백만 명에서 25백만 명으로 3배 이상 증가하였다(KEEI, 2018). 이러한 변화는 단순한 기술 발전의 결과가 아니라, 지역 사회와 지방 정부가 적극적으로 참여하면서 재생 에너지 협동조합 및 분산형 에너지 시스템이 활성화된 것과 깊은 연관이 있다. 이를 통해 지역 주민들은 에너지 프로젝트에 단순히 반대하는 것이 아니라, 적극적인 이해관계자로 참여하여 경제적 이익을 공유할 수 있게 되었다.

덴마크에서는 풍력발전 확대 과정에서 주민 참여와 이익 공유 모델을 성공적으로 도입하였다. 특히, 풍력발전 시설 반경 4.5km 이내에 거주하는 주민들에게 지분 참여 우선권을 부여하여 주민들이 단순한 보상 대상이 아니라 사업의 주체이자 수익자가 될 수 있도록 하였다. 대표적으로 전력이 필요한 주민들이 직접 협동조합을 설립하고 발전시키는 방안이 있다. 덴마크는 2009년부터 재생에너지촉진법(Promotion of Renewable Energy Act)을 통해 모든 신규 풍력 프로젝트에 지역 주민의 참여, 소유를 확대하기 위해 소유권의 20% 이상을 지역주민에게 제공하도록 의무화하였다. 이를 통해 주민들의 자발적인 참여와 에너지 인프라 수용성을 높이고, 지역 경제 활성화에도 기여하였다.

영국은 독립적인 에너지 규제기관(Ofgem)을 운영하며 시장 감시, 요금 규제, 소비자 보호 등의 기능을 수행하고 있다. 이를 통해 정권 교체와 무관하게 일관된 에너지 정책을 유지하며, 시장의 안정성과 예측 가능성을 높이는 데 기여하고 있다. 한국에서도 에너지 인프라 확충과 관련된 갈등을 줄이기 위해 독립적인 규제기관의 역할을 강화하고, 정치적 영향을 최소화할 필요가 있다.

미국 텍사스주의 전력 시장 운영 모델은 독립적인 전력 시장 운영자(ERCOT)가 시장 기능과 계통 안정성을 함께 관리하는 체계를 갖추고 있다. 또한, 송전망 계획 수립 과정에서 지역별 이해관계자가 참여하는 제도를 마련하여 민주적인 의사결정을 보장하고 있다. 이를 통해 송전망 건설 과정에서 발생할 수 있는 지역 간 불균형 문제를 조정하며, 갈등을 최소화하는 데 성공하였다.

일본의 경우, 후쿠시마 원전 사고 이후 중앙 집중형 에너지 시스템의 취약성을 극복하기 위해 지역 에너지 자립을 강화하고 있다. 지방 정부와 지역 기업이 주도하는 '지역 전력 회사(PPS, Power Producer & Supplier)' 모델을 도입하여 분산형 에너지 체계를 구축하고, 지역 내에서 생산한 전력을 직접 소비하는 방안을 마련하였다. 이를 통해 에너지 안보를 강화하는 동시에 주민들의 수용성을 높이고 있다. 2016년 이후 저압 및 고압 전력 시장에서 지역 전력 회사(PPS) 점유율이 꾸준히 상승하는데 이는 지역 중소기업과 일반 가구에서도 지역 전력 회사를 적극적으로 이용하고 있음을 의미한다. 일본의 전력 시장 자유화 및 지역 분산형 에너지 체계 강화의 효과가 나타나고 있음을 보여준다.

이러한 해외 사례들은 한국의 국가 기간 시설 확충 과정에서 주민 참여 확대, 이익 공유 모델 도입, 독립적 규제기관 운영, 민주적 의사결정 절차 마련, 분산형 에너지 시스템 확대 등의 보다 종합적인 정책이 필요하다는 점을 시사한다. 단순히 에너지 시설을 건설하는 것이 아니라, 주민들이 에너지 사업의 주체가 되어 적극적으로 참여할 수 있도록 하는 방식이 지속 가능한 해결책이 될 것이다. 이를 위해 중앙 정부와 지방 정부, 공기업과 민간이 협력하여 국내 실정에 맞는 정책을 수립하고 시행해야 한다.

3. 미래 한국의 에너지 전환

1) 원전과 재생 에너지의 조화

미래 한국의 에너지 전환 과정에서 가장 큰 도전 과제 중 하나는 원자력과 재생 에너지를 어떻게 조화롭게 운영할 것인가이다. 원자력과 재생 에너지는 각각의 장단점을 가지고 있으며, 이를 적절히 조합하여 안정적이면서도 친환경적인 전력 공급 체계를 구축할 수 있다.

원자력은 기저부하 역할을 하며 안정적인 전력 공급을 보장하는 데 필수적인 에너지원이다. 한국은 현재 원자력을 주요 전력원으로 활용하고 있으며, 탄소 배출이 없는 에너지원으로 기후변화 대응에도 기여할 수 있다. 그러나 원자력은 사고 발생 시의 위험성, 사용 후 핵연료 처리 문제, 사회적 수용성 등의 과제를 안고 있다. 이에 따라 원자력의 안전성을 더욱 강화하고, 소형 모듈 원전(SMR)과 같은 차세대 원전 기술을 도입하는 방향으로 나아가야 한다. SMR은 소규모·모듈화·운영 유연성의 장점을 바탕으로 기존 원전의 단점을 보완할 수 있는 미래 에너지로 여겨진다.

한편, 태양광, 풍력 등 재생 에너지는 탄소 중립 목표 달성을 위한 핵심 요소로 자리 잡고 있어 이의 보급을 확대하는 것이 중요하다. 재생 에너지는 친환경적이지만 간헐성(intermittency) 문제를 가지고 있어 안정적인 전력 공급을 위해 추가적인 기술적 보완이 필요하다. 이를 해결하기 위해 에너지 저장장치(ESS)를 활용하여 태양광·풍력의 발전량이 많을 때 전력을 저장하고, 필요할 때 공급하는 방식을 통해 간헐성 문제를 해결할 수 있다. 스마트그리드 기술을 활용하여 실시간으로 전력 수요와 공급을 조정하여 전력망의 유연성을 높일 수 있다.

한국의 전력 산업 구조에서 원전과 재생 에너지는 상호 보완적인 관계를 구축해야 한다. 원전은 안정적인 전력 공급을 담당하면서 재생 에너지의 간헐성을 보완하고, 재생 에너지는 친환경적이고 장기적으로 지속 가능한 에너지원으로 확대되어야 한다. 따라서 전원믹스를 구성할 때 원자력과 재생 에너지의 비율을 전략적으로 조정해야 한다.

기술적으로는 원자력과 재생 에너지를 연계한 하이브리드 에너지 시스템을 구축하는 방안을 고려해야 한다. 원전은 재생 에너지의 보완적 기저전원으로 기능하며, 계통 안정성 확보 및 급증하는 산업 수요 대응에 유용한 자산으로 활용될 수 있다. 특히 AI 데이터 센터, 반도체 클러스터, 수소 산업 등 산업계의 대규모 전력 수요 증가에 대응하기 위해서는 원전과 재생 에너지의 병행이 현실적 대안이다. 예를 들어, 원자력 발전소의 출력을 조절할 수 있는 기술을 도입하고, 재생 에너지의 발전량이 높을 때는 원전 출력을 조절하여 계통의 안정성을 유지하는 방식이 필요하다. 또한, 원자력에서 생산된 전력을 활용하여 수소를 생산하는 등의 연계 전략도 고려할 수 있다.

사회적으로는 원자력과 재생 에너지 간의 균형을 유지하기 위한 국민적 공감대 형성과 사회적 수용성 확보가 필수적이다. 원자력에 대한 국민들의 우려를 해소하기 위해 투명한 정보 공개와 안전성 강화 대책을 지속적으로 추진해야 하며, 재생 에너지 확대 과정에서도 지역 주민들과의 협의를 통해 이익 공유 모델을 확대해야 한다.

2) 급증하는 전력 수요에 대응하는 전력 공급 방안

미래 한국의 에너지 산업에서 AI 데이터 센터, 반도체 클러스터, 전기차 산업 등 급증하는 전력 수요를 안정적으로 충족하는 것은 중요한 과제가 되고 있다. 한국의 전력 수요는 지속적이고 가파르게 증가할 것으로 전망된다. 2038년에는 최대 전력 기준 수요가 145.6GW에 달할 것으로 전망되어 이는 2025년 대비 약 40GW 이상 증가한 수치다. 이러한 증가의 상당 부분은 첨단 산업(1.4GW), 데이터 센터(4.4GW), 전기화(11.0GW) 등 2차 에너지 수요에서 비롯된 것으로 막대한 전력을 필요로 하며 기존 전력 인프라만으로

표 4.1 11차 전력 수급 기본 계획 기준수요 전망

(최대 전력기준, 단위: GW)

연도	모형 수요	첨단 산업	데이터 센터	전기화	합계
2025	104.6	0.69	0.5	0.1	106.0
2030	112.3	2.0	2.3	1.4	118.1
2036	124.5	2.2	3.9	7.7	138.2
2038	128.9	1.4	4.4	11.0	145.6

* 첨단 산업, 데이터 센터, 전기화 수요는 모형전망(추세) 대비 증분
출처: 산업통상자원부, 2025

는 안정적인 공급이 어려울 수 있다(표 4-1 참조). 이를 해결하기 위해 기존 발전설비의 효율적 활용, 신규 발전원 확보, 분산형 전력 공급 확대, 첨단 기술을 활용한 수요 관리 고도화, 송배전망을 비롯한 전력 인프라 개선, 정책적 지원 및 민관 협력 활성화 등의 종합적인 전략이 필요하다.

급증하는 전력 수요를 충족하기 위해 기존 발전설비의 활용도를 극대화하고, 신규 발전설비를 확충해야 한다. 노후 발전소의 성능을 개선하고 수명을 연장하는 등 발전설비의 이용률을 최적화해야 하며, 원전과 신재생 에너지 발전소 건설을 병행하여 장기적인 전력 공급 능력을 강화해야 한다. 전통적인 중앙 집중형 발전소 추가만으로는 대응에 한계가 있으며, 수요가 발생하는 지역에서 전력을 자급할 수 있는 '수요지 인접형 공급 체계' 구축이 핵심이다. 이를 위해 SMR, 연료전지, 재생 에너지+ESS 조합 등 다양한 분산형 자원을 활용한 분산형 발전 시스템이 주요 대안이 될 수 있다. 특히 데이터 센터와 반도체 단지처럼 전력 수요가 고도로 집중되는 지역에는 수요 맞춤형 전력원이 병렬적으로 배치되어야 한다.

AI 데이터 센터와 반도체 클러스터가 특정 지역에 집중되면서 송배전망 신규 건설의 부담이 증가하고 있다. 이를 해결하기 위해 산업 단지 내 분산형 전력 시스템을 구축하고, 기업이 자체적으로 전력을 생산·소비하는 모델을 도입해야 한다. 2022년 기준 국내 147개 데이터 센터의 전력 수요는 1,762MW이며 향후 2029년까지 총 732개, 49,397MW로 증가할 것으로 전망한다. 이 중 입지의 60%, 수요의 70%가 수도권에 집중되어 있으며 2029년에는 80%대까지 확대될 것으로 예상된다. 따라서 마이크로그리드 시스템을 활용하여 개별 데이터 센터 및 반도체 공장이 자체적으로 전력을 확보하고, 불필요한 송전 손실을 줄이는 전략이 필요하다. 태양광, 풍력, 연료전지 등의 신재생 에너지 발전 설비를 도입하고, 기업 자체 에너지 네트워크에 연계하는 방식이 효과적이다. 특히 수소 연료전지 및 바이오가스를 활용한 분산형 발전 시스템도 고려해야 한다. 이러한 기술들은 대형 산업 단지에서 신속하게 전력을 공급할 수 있으며, 전력망 의존도를 줄이는 데 기여할 수 있다.

전력 수요가 급증하는 상황에서 전력 수요를 보다 정교하게 관리하는 기술적 접근이 필수적이다. AI 및 빅데이터 기반의 전력 수요 예측 시스템을 도입하여, 산업별 맞춤형 에너지 효율화 전략을 추진해야 한다. 시간대별 차등 요금제를 확대하여 전력 피크 시간대의 과부하를 방지하고, 데이터 센터 및 반도체 공장이 전력 사용을 분산할 수 있도록 유도해야 한다. 인센티브 기반의 수요 감축 프로그램을 강화하여 피크 시간대에는 소비를 줄이고, 저부하 시간대에는 생산을 극대화하는 방식으로 운영해야 한다. 스마트그리드 기술을 적용하여 전력 수급을 실시간으로 조절하고, 가상발전

그림 4.3 2003~2023년 전력 수요 및 송·발전설비 증가 현황

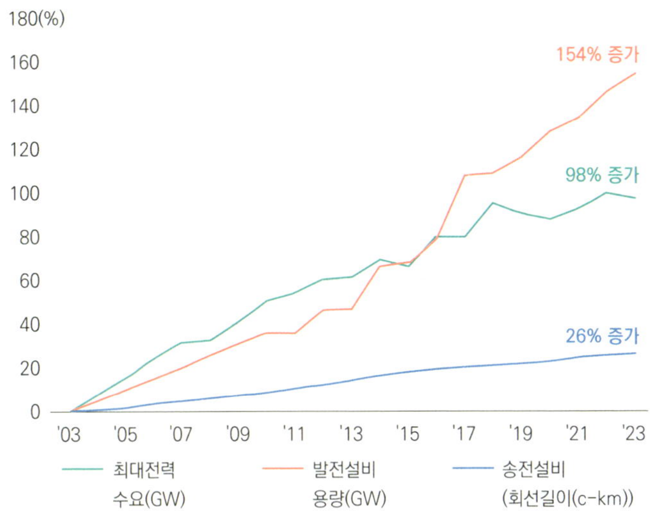

출처: 대한상공회의소, 2024

소 및 에너지 저장장치를 활용하여 전력 공급의 유연성을 극대화해야 한다.

[그림 4-3]을 보면, 지난 20년 동안 최대 전력 수요는 154% 증가한 반면, 발전설비 용량은 98%, 송전설비는 26% 증가에 그쳐, 전력 수요 증가 속도가 발전 및 송전설비 확충 속도를 훨씬 초과하고 있음을 알 수 있다. 이는 송배전망의 확충이 전력 수요 증가를 따라가지 못해 전력 공급의 병목현상 발생 가능성이 높아지고 있음을 의미한다. 급증하는 전력 수요를 효과적으로 대응하기 위해, 송배전망의 확충 및 전력망 지능화가 필수적이다. 특히 AI 데이터 센터와 반도체 산업이 집중된 지역에 전력 공급의 병목현상

이 발생하지 않도록, 송전선로 및 배전망을 선제적으로 확충해야 한다. 고압직류송전(HVDC) 기술을 도입하여 장거리 송전 효율을 극대화하고, 재생 에너지 발전지역과 대규모 전력소비 지역을 효과적으로 연결해야 한다.

급증하는 전력 수요에 대응하기 위해 정부는 전력 인프라 투자 확대, 민간의 참여 활성화, 제도적 지원을 병행해야 한다. 데이터 센터 및 반도체 산업의 전력 수요 증가에 대응하여, 별도의 전력 수급 기본 계획을 수립하고, 에너지 정책의 예측 가능성을 높여야 한다. AI 데이터 센터 및 반도체 클러스터의 전력 수요에 맞춘 맞춤형 전력 공급 시스템을 구축하기 위해 공기업과 민간 수요 기업이 협력하여 안정적인 전력 공급 모델을 개발해야 한다.

3) 차세대 에너지 기술 개발과 산업 육성

한국의 에너지 전환은 단순히 에너지원의 교체에 그쳐서는 안 되며, 기술을 중심으로 한 산업 구조의 전환으로 이어져야 한다. 탄소 중립 달성, 전력 수요 증가 대응, 산업 경쟁력 강화라는 복합적인 과제를 해결하기 위해서는 차세대 에너지 기술의 전략적 개발과 이를 바탕으로 한 에너지 산업 생태계의 육성이 핵심 과제로 제시된다. 이러한 기술 혁신은 에너지 수급의 안정성과 탄소 감축이라는 당면 과제뿐 아니라, 고부가가치 산업 창출과 수출 기반 확대, 일자리 창출 등 경제 전반의 성장 동력으로 이어질 수 있다.

핵심 기술 분야로는 SMR, 청정 수소 생산·활용 기술, 고효율 에너지 저장장치(ESS), 스마트그리드, CCUS(탄소 포집·활용·저장 기술), AI 기반 디지털 에너지 관리 시스템 등이 있다. 이러한 기술들은 재생 에너지의 간헐성 문제 해결, 산업부문 탈탄소화, 수요예측 정교화, 분산형 전원 운영 등에서 중심적 역할을 한다.

예를 들어, 미국이나 캐나다 개발 중인 일부 SMR은 이미 글로벌 실증단계에 진입했으며, 한국도 혁신형 소형 모듈 원자로(i-SMR)를 개발해 2028년까지 표준설계인가 획득을 목표로 하고 있다. 이는 대형 원전의 위험성과 입지 갈등을 피하면서도, 산업 단지나 도심 인근에 안정적인 전력 공급이 가능한 미래형 전원으로 평가된다. 수소 분야에서 일본의 HySTRA 컨소시엄이 호주에서 수소를 생산하고 액화하여 일본으로 해상 수송하는 시범사업을 실행하였는데 한국에도 적용 가능한 국제 수소 공급망 모델이다.

이러한 기술의 개발과 확산을 위해서는 중장기적이고 지속적인 연구개발 투자와 함께, 민간의 기술혁신을 유도할 수 있는 제도적·재정적 유인체계가 필요하다. 기술 실증을 위한 대규모 테스트베드 구축, 공공부문의 초기 수요 창출, 규제 샌드박스 도입 등 인허가 절차 간소화는 기술의 상용화와 산업화로 이어지기 위한 기반이 된다. 기술 개발과 산업 육성이 단절되지 않도록 산·학·연 협력 체계를 강화하고, 에너지 산업 클러스터 조성, 중소기업과 스타트업 기업의 참여 확대 등 산업 생태계 전반을 고려한 접근이 요구된다.

예컨대 한국은 수소 버스, 수소 트럭 등 공공교통 분야에서 초기 수요를 창출하고 있으며, ESS 시범사업 및 VPP(가상발전소) 실증 프로젝트도 일부 지자체와 전력거래소를 중심으로 추진하고 있다. 정부는 CCUS 기술의 실증을 위해 동해 가스전과 같은 해저 저장소 후보지를 검토하고 있으며, 이와 연계한 민관 협력도 논의 중이다.

산업 육성과의 연계 측면에서는 에너지 기술 클러스터 조성, 중소기업 및 스타트업에 대한 기술 개발 지원, 산·학·연 공동 R&D 체계 강화, 글로벌 기술 협력 확대가 필요하다. 실제로 경북 영덕·경주, 전북 새만금 등은 재생 에너지, 수소, 에너지 저장 기술을 중심으로 한 지역 에너지 산업 특화 클러스터로 육성되고 있으며, 이 과정에서 지자체, 기업, 연구기관이 협력해 기술 실증과 사업화의 연계를 추진하고 있다.

기술 개발은 국내에만 머물러서는 안 되며, 국제 협력과 연계를 통해 글로벌 시장 진출 전략과 함께 추진되어야 한다. 한국이 개발한 기술을 국내에만 적용하는 데 그치지 않도록 국제 표준화, 해외 실증사업, ODA 연계 기술 이전, 다자기구 협력 등을 통해 수출 기반 산업으로 확장시켜야 한다. 예를 들어 국내에서 개발된 ESS 기술과 전기차 배터리 재사용 시스템은 아세안 국가들에서 활용 가능성이 높으며, 이는 한국형 에너지 기술의 해외 진출 모델로서 발전 가능성이 있다.

차세대 에너지 기술 개발과 산업 육성은 에너지 문제 해결을 넘어, 국가의 미래 산업 경쟁력과 지속 가능한 성장의 핵심 동력이다. 기술 개발에서 실증, 산업화, 글로벌 확장까지 이어지는 전 주기적 전략과 이를 뒷받침할 정책, 제도, 민관 협력 체계의 정교한 구축이 무엇보다 중요하다.

4) 에너지 시장 및 제도 개선

에너지 전환이 가속화되는 현 시점에서, 기존의 에너지 시장과 제도는 그 구조와 기능 면에서 한계에 직면하고 있다. 현재의 전력 및 가스 시장은 중앙 정부와 공기업 중심으로 운영되며, 대규모 공급자 위주의 설계로 인해 재생 에너지, 분산형 전원, 에너지 저장장치(ESS), 수요 관리(DR), 가상발전소(VPP) 등 다양한 새로운 자원들이 시장에 원활히 진입하기 어려운 구조이다. 이러한 시장 구조는 민간의 혁신 참여를 저해하고 에너지 전환의 속도를 늦추며, 지역 기반의 에너지 자립이나 소비자 중심의 수요 관리 체계를 구축하는 데 장애가 되고 있다.

이를 해결하기 위해 먼저 전력 시장 구조 개편이 요구된다. 특히 실시간 전력 시장과 중장기 계약시장의 연계 강화, 지역별·시간대별 가격 신호 설계, 분산형 자원(DER)의 시장 직접 또는 간접 참여가 제도적으로 보장되어야 한다. 예를 들어, 미국과 유럽의 전력 시장에서는 실시간 정산 시장(Real-time Market)과 하루 전 시장(Day-ahead Market)이 유기적으로 연동되어 운영되며, 소규모 재생 에너지 사업자와 소비자가 직접 전력 판매 또는 수요 반응 거래에 참여하고 있는 구조가 참고될 수 있다.

수요 관리(Demand Response) 시장 활성화를 통해 수요측의 자원을 시장 안으로 끌어들이고, 피크 시간대 전력 수요를 자발적으로 줄이거나 전환할 수 있는 보상체계 마련이 필요하다. 한국에서도 시범적으로 운영된 피크 감축 보상제도나 전력거래소의 수요자원 시장(DR Market)의 사례를 확대하고, 산업체나 대형 건물뿐만 아니라 일반 가정과 중소사업자도 참여할 수 있는 구조로 제도 개선이 요구된다.

에너지 요금체계에 대한 구조적 정상화도 중요한 과제다. 현재 전기·가스 요금은 정치적 요인과 물가 관리 차원에서 원가 이하로 억제되는 경우가 많으며, 이는 한국전력과 가스공사의 재정 악화를 초래하고, 민간 투자 유인을 떨어뜨리는 구조적 문제로 이어진다. 요금에는 탄소 가격같은, 환경 비용, 계통 이용 부담 등 외부비용을 반영해야 하며, 이러한 가격 신호를 통해 수요자의 절약 행동과 시장의 기술 투자가 유도될 수 있다. 예컨대 영국은 전력요금에 탄소 가격을 반영하는 Carbon Price Support(CPS) 제도를 운영하고 있으며, 독일은 재생 에너지 부과금(EEG)을 통해 소비자가 전환 비용을 분담하는 구조로 되어 있다.

디지털화에 기반한 전력망 지능화와 시장 운영 고도화도 병행되어야 한다. AI 기반 수요예측, 실시간 거래 플랫폼, 스마트 미터링 확산, 데이터 기반 에너지 관리 시스템(EMS)의 도입을 통해 실시간 정산 체계와 가격 신호 전달의 정확성을 높일 수 있다. 예를 들어 일본의 전력 자유화 이후 민간 중개 사업자가 플랫폼을 통해 소비자와 전력 생산자를 직접 연결하는 전력 거래 시스템이 도입된 사례는, 한국형 에너지 거래 플랫폼 설계에도 시사점을 제공한다.

이러한 시장 개혁은 단순히 민영화나 경쟁 확대에 머물러서는 안 된다. 공공성과 민간 참여의 균형을 확보하고, 소외계층의 에너지 접근권 보장, 지역 간 에너지 인프라 격차 해소, 에너지 복지 강화를 위한 사회적 안전장치를 함께 설계해야 한다. 전력과 가스는 공공재적 성격을 지니는 만큼, 시장 효율성과 함께 에너지 정의(energy justice)의 관점이 함께 반영되어야 하며, 국민 수용성과 참여 기반의 에너지 시장 구조가 필요하다.

에너지 시장 구조 및 제도 개선은 단순한 운영 방식의 조정이 아니라, 기술 변화와 산업 구조 재편, 시민 참여 확대에 대응하는 지속 가능한 에너지 시스템의 재설계 과정이다. 유연성, 디지털화, 분산성, 형평성, 그리고 시장 기반의 신호 기능을 갖춘 새로운 에너지 시장 구조는 에너지 전환의 추진력을 확보하고, 미래 에너지 산업의 경쟁력을 결정짓는 핵심 기반이 될 것이다.

5) 국제 협력과 에너지 안보 강화

한국의 에너지 안보는 이제 단순한 화석 연료 수입선 확보를 넘어, 기술 경쟁력 확보, 공급망 재편, 외교적 전략과 통합된 다층적 개념으로 전환되어야 한다. 에너지 전환이 세계적으로 본격화되고, 탄소 중립이 글로벌 정책 기조로 자리 잡은 가운데, 기존의 중앙 집중형 수급 중심 모델만으로는 한국의 에너지 안보를 지속적으로 확보하기 어렵다. 이에 따라 에너지 안보를 강화하기 위한 국제 협력 전략이 더욱 중요해지고 있으며, 이는 기술 개발, 자원 확보, 제도 설계, 외교 역량까지 포괄하는 종합적 국가 전략이 되어야 한다.

우선 기술 기반의 국제 협력이 중요하다. 수소, 암모니아, 소형 모듈 원자로(SMR), 이산화탄소 포집·저장·활용(CCUS), 재생에너지 장비 등 핵심 분야에서 국제 공동개발과 실증 프로젝트를 적극적으로 추진해야 한다. 예를 들어, 호주와의 협력을 통해 수소를 생산·액화해 일본으로 시범 운송한 사례처럼, 한국도 호주, 중동, 북유럽 등과 협력하여 수소 및 그린 암모니아의 안정적인 공급망을 구축할 수 있다. SMR 분야에서는 미국을 비롯한 선도국과의 기술 연계 및 공동 실증사업 참여 및 한국의 혁신형 소형 원자로(i-SMR) 기술의 국제 시장 진출도 모색해야 한다.

또한 기술 표준 선점을 위한 국제적인 제도 마련을 위한 협력도 병행되어야 한다. SMR, 수소, ESS 등은 글로벌 표준이 완전히 정립되지 않은 만큼, 한국이 이러한 분야에서 국제 공동연구(R&D)와 표준화 논의에 주도적으로 참여함으로써, 기술 외교의 리더십을 확보할 수 있다. 예를 들어, IEA(국제 에너지 기구), IRENA(국제 재생 에너지 기구), G20, Clean Energy Ministerial 등의 다자 협의체에서 한국이 기술·제도 관련 의제를 선도적으로 제안하고, 정책 및 기술 네트워크를 구축하는 것이 중요하다.

한편 공급망 재편과 관련해서는, 기존 화석 연료 중심의 수입선 다변화에서 벗어나, 핵심 광물(리튬, 니켈, 코발트 등), 연료전지 원료, 태양광·풍력 기자재, 수소 인프라, CO_2 저장 공간까지 포함하는 복합적 공급망 구축전략이 필요하다. 이를 위해 인도네시아, 칠레, 콩고 등 자원 부국과의 자원 외교를 강화하고, 북유럽·중동 등 CCS 저장 능력이 있는 국가와 탄소 저장 제휴를 체결하거나, 다자간 이산화탄소 운송 협정(예: 싱가포르-인도네시아 간 CCS 운송 협약)과 같은 모델을 참고해 협력체계를 구축해야 한다.

이와 동시에, 지역 기반의 에너지 협력 플랫폼도 전략적으로 활용되어야 한다. 동북아에서 전력망 연계 또는 수소 운송 연계 가능성을 모색하고, ASEAN+3, 한–중앙아, 한–중동 협력 프레임을 활성화해야 한다. 예를 들어, ASEAN Outlook on the Indo–Pacific(AOIP)과 연계된 에너지 협력 비전을 통해, 한국이 아세안 내 에너지 접근성 향상, 재생 에너지 보급, 기술 이전을 주도할 수 있는 여지가 크다.

국제 협력을 통한 에너지 안보 강화는 기술 개발, 공급망, 제도 표준화가 유기적으로 결합된 전략적 과제로 인식되어야 하며, 한국은 이를 단순한 수입 안정 차원이 아니라, '글로벌 에너지 전환을 선도하는 국가'로 도약하는 발판으로 삼아야 한다. 이를 위해 필요한 것은 국제적 기술동맹 확대, 외교적 신뢰 구축, 경제안보 관점에서의 공급망 설계, 그리고 다자협력을 통한 글로벌 영향력 확대라는 총체적이고 일관된 국가전략이다.

1. 에너지 전환의 필요성

2. 에너지 정책 목표의 재정립 및 추진방향

3. 세부 추진 정책

CHAPTER 05

향후 에너지 분야의 과제

1. 에너지 전환의 필요성

에너지 전환은 미래 국가 경쟁력과 탄소 중립 실현의 핵심 요소지만, 현재 에너지를 둘러싼 지정학적 리스크와 국제 에너지 시장의 불확실성이 이의 달성을 어렵게 만들고 있다. 디지털 시대가 성큼 다가옴에 따라 AI, 빅데이터 활용 등 새로운 디지털 기술의 사용과 응용으로 인하여 에너지의 전기화가 빠르게 진행되고 있다.

재생 에너지 기술발전과 비용 하락, 기후변화 대응 등의 이유로 분산 에너지 시스템의 장점들이 부각되고 있다. 수소를 비롯한 새로운 기술의 상용화는 미래 에너지 시스템을 구축하는 새로운 핵심 요인이 되고 있다. 수소 에너지를 둘러싼 국제 표준이나 기술 사업화를 위한 국제적 경쟁과 수소 에너지의 상용화를 위한 각국의 정책적 지원이 늘어나고 있는 것이 일례이다. 에너지 시스템이 더 이상 화석 연료 시대를 지배한 규모의 경제의 논리에 따른 대규모 중앙 집중적인 방식에 의존하기 보다 다양한 솔루션을 수용할 수 있도록 탄력적이어야 한다. 디지털 경제의 도래와 기후변화 대응은 기존 에너지 시스템의 전환을 요구하고 있으며 새로운 에너지 시스템을 선도적으로 구축하는 국가가 국가 경쟁력을 유지하는 시대로 접어들고 있다. **세계는 지금 에너지 교차로**(Energy Crossroad)**에서 어떤 미래 에너지 시스템을 구축할 것인가** 하는 매우 중요한 결정을 해야 하는 시점에 놓여 있다.

미래 에너지 시장은 단기적으로 화석 에너지와 비화석 에너지의 공존 속에서 새로운 전환기를 맞이하고 있는 형국이다. 세계는 아직도 화석 에너지에 의존하고 있는 것이 현실이다. 석유, 천연가스, 석탄과 같은 화석 에너지가 여전히 글로벌 에너지 시장에서 중요한 역할을 하고 있으며, 단기간 내 급격한 감소는 현실적으로 어려울 것이다. 전 세계 1차 에너지 소비의 70% 이상이 여전히 화석 연료에 의존하고 있기 때문이다. 산업 공정과 운송 분야에서 획기적으로 화석 연료를 대체할 수 있는 기술이 개발되기 전에는 비화석 연료 기반의 에너지로의 전환은 더욱 시간이 걸릴 것이다. 철강, 시멘트 생산과 같은 에너지 소비가 큰 제조업 부문에서 기존의 제조 기술을 사용하면 석탄은 상당 기간 중요한 역할을 할 것이다. 기후변화 대응을 위하여 세계가 저탄소 에너지의 확대 정책을 추진하고 있어서 화석 연료 중 상대적으로 탄소의 배출이 적은 천연가스를 기반으로 신규 LNG 생산시설의 확대도 예상된다. 원전에 대한 인식도 긍정적으로 바뀌고 있어 원자력을 활용하려는 나라가 늘어나고 있다.

우리나라는 정부가 바뀔 때마다 해외자원개발, 탈원전 등 에너지가 정쟁화되면서 에너지에 대한 부정적인 인식이 확산되고 있다. **석유파동 이후 80년대 구축된 현재의 중앙 정부, 공기업 중심의 에너지 정책 체계로 전기화와 탄소감축이란 에너지 교차로**에서 미래 에너지 시장으로 전환이 제대로 실행될 수 있을지 의문이 커지고 있다. 현재 중앙 정부가 전력 수급 계획을 비롯한 다양한 에너지 계획을 수립하지만 시장에서 실현 가능성에 의문을 갖는다. 과거에는 **정부의 에너지 계획이 시장에 확실한 신호를 주었으나 지금**

은 빈번한 계획의 변경과 실행력 부족으로 오히려 고장난 신호등이 되었다.

2. 에너지 정책 목표의 재정립 및 추진방향

에너지 정책은 특성상 정부가 비전과 목표를 확실하게 정립하고 정책을 이행하는 것이 당연하다. 우리나라의 에너지 정책이 현재 당면한 문제를 해결하고 미래에 예상되는 다양한 도전과 이슈에 대응하기 위해서는 에너지 교차로에서 에너지 정책을 통해 제시하려는 비전과 목표를 분명히 밝히고 한국 사회 구성원들의 동의와 이해를 얻어 강력하게 시행할 시점에 와 있다.

한국의 에너지 정책의 비전과 목표는 한국이 처한 상황을 고려하고, 국제 사회의 공동의 문제를 같이 해결한다는 원칙에 따라 수립되어야 한다. 한국은 경제발전의 초기부터 지금까지도 필요한 에너지를 스스로 공급할 수 없는 국가이다. 석유, 가스, 우라늄 등 1차 에너지의 90% 이상을 아직도 수입에 의존하는 '에너지 빈국'이다. 따라서 한국 에너지 정책의 최우선 목표는 미래에 필요한 에너지 공급의 안정성을 확보하는 것이다(Energy Security). 한국의 경제 발전 과정에서 에너지 안보 문제는 국가 발전에 중요한 의제로 다루어 왔고, 국제 사회의 현 상황을 고려할 때 앞으로 더욱 중요한 의제이기 때문에 에너지 정책의 최우선 목표가 되어야 한다. 한편, 국제 사회는 화석 연료의 사용에 따른 에너지 부문에서 탄소 배출이 전체 온실가스 배출의 60% 이상으로 이를 줄여야 한다는 목표에 공감하고 있다. 대부분의 국가들은 구체적으로 2050년, 60년 사이에 탄소 배출을 제로에 가깝도록 목표를 설정하고 이행하는 것에 합의하였다. 우리나라도 과거처럼 개도국의 지위에서 예외를 적용받던 나라가 아닌 선진국의 위상에 부합되도록 구체적으로 탄소 배출을 줄이는 정책과 노력을 기우려야 할 처지이다. 따라서 에너지 안보와 더불어 탄소 배출을 줄이는 것이 국가적인 의제가 된 상황이다. 특히, 한국은 경제활동 구조가 산업부문과 에너지 부문에서 배출되는 탄소 배출이 제일 많은 국가이다. 따라서 산업과 에너지 부문에서 필요한 에너지를 확보하고 동시에 탄소 배출도 줄여야 하는 국가적인 목표를 효과적으로 달성해야 한다(Carbon Mitigation). 마지막으로 그동안 에너지 정책 목표를 수립하고 이행하는 과정에서 에너지 시설에 대한 사회적 수용문제가 점점 중요성이 커지고 있다. 발전소, 송전설 설치 등 국가 기간 시설의 부지 확보를 포함하여 건설과 운영과정에서 사회적으로 수용가능한 절차와 과정이 항상 사회적 문제가 되어 왔다. 에너지 전환을 이루어야 하는 시점에서 경제적으로나 사회적으로 에너지 시설에 대한 수용성을 높이고 이를 통해 국가 기간 사업으로 에너지 분야의 지속 가능성을 보장하는 것이 목표가 되어야 한다(Public Acceptance).

에너지 분야의 3대 목표 간 균형과 조화를 이루면서 국가 에너지 정책을 수립하고 이행하려면 동태적으로 변화된 상황을 입체적으로 반영할 정책방향이 설정되어야 한다. 첫째로 그동안 중앙정부 중심의 정책 수립을 다양한 주체들의 참여를 통해 정책 수립이 불가피하다. 에너지 부문에서 시장 기능이 확대되고, 에너지 공기업뿐만 아니라 민간기업의 역할이 증대된 상황이다. 중앙 정부뿐만 아니라 각 지방 정부의 입장에서 에너지 시설에 대한 다양한 입장과 견해가 있으므로, 이를 조정하는 것이 중요하다. 따라서 앞으로 에너지 정책을 추진함에 있어 많은 이해당사자들의 참여를 통해 의사결정을 하는 것이 필요하다(분권형). 동시에 에너지 분야의 과제와 정책은 다양하고 상충된 국가목표를 동시에 달성해야 하는 어려운 상황에 직면하게 된다. 에너지를 산업 지원을 넘어 다양한 분야에서 접근하고 해결방안을 모색하는 방향으로 에너지 정책이 추진되어야 한다. 단지 에너지 시설을 확대하여 필요한 에너지 수요를 충족하는 공급 위주가 아니라, 에너지 분야에서 예상되는 많은 문제들과 이를 해결하는 과정에서 파급되는 효과들을 국가적 차원에서 보고 다양한 해법을 찾는 측면에서 접근해야 한다(융합형). 마지막으로 기존의 에너지 정책 방향은 국내에 필요한 에너지를 어떻게 안정적으로 공급하느냐 하는 점에 초점이 맞추어져 왔다. 우리나라는 에너지의 안정적 공급뿐만 아니라, 발전과정에서 원전이나 LNG선박 등 특정 에너지 분야의 기술과 에너지 시설의 설계와 운영 등에서 세계 최고 수준의 경쟁력을 갖추게 되었다. 따라서 앞으로 에너지 정책을 추진하는 방향을 설정하는 과정에서 우리가 필요한 에너지와 자원을 확보하는 것과 더불어 국제적 경쟁력을 갖춘 한국의 에너지 기술과 노하우가 국제 시장에서 어떻게 활용할 것인가 하는 것이 더욱 중요하게 되었다. 이러한 국가적 과제를 해결하기 위해서 비슷한 이해관계를 가진 국가나, 글로벌 기업들과의 협력도 더욱 중요하게 되었다. 따라서 에너지 정책의 국내 문제에 국한하지 않고 국제적인 차원까지 확대하는 것이 당연한 상황이 되었다(국제형).

국가의 에너지 정책 목표와 추진방향을 현재 상황과 미래에 예상되는 도전 과제에 맞게 새롭게 설정하고 이를 이행하는 것이 한국이 에너지 문제에서 교차점에 서 있는 지금 긴요하다(Energy Crossroad). 또한, 에너지 정책을 추진하는 과정에서 합리적이고 일관된 정책의 이행이 무엇보다 필요하다. 에너지 정책은 특성상 장기간에 걸친 일관된 투자와 정책 신호가 필요하다. 이에 따라 에너지 공급 및 수요, 시장이 각각의 목표에 따라 대응하게 된다. 장기 에너지 정책의 수립과 이행과정에서 에너지 분야의 **전문성**을 존중하는 것이 필요하다. 에너지 문제는 매우 복잡한 국내와 국제 문제를 모두 포괄하고 있다. 따라서 다양한 분야의 전문가들이 정책수립의 의사결정과정에 실질적으로 참여해야 하며 형식적으로 설립한 위원회는 에너지 정책의 전문성을 보장할 수 없다. 그런데 우리나라의 에너지 정책이 최근 들어 일관성과 전문성을 유지하지 못하는 가장 큰 이유는 과도한 정치권의 개입이다. 에너지 문제와 같은 국가적 문제를 정치권에서 다루는 것은 당연하다. 그러나 한국 사회는 합리적인 정책적 논의보다는 이념과 정치적 이해관계에 따른 정쟁으로 흐르고 결과적으로 장기적인 에너지 정책의 일관성을 해치는 결정을 하는 것을 많이 경험하였다. 이러한 현상이 반복되는 과정에서 잦은 정책의 변동과 갈등으로 인한 막대한 사회적 비용을 치르고 있다. 따라서 정쟁이 아닌 **정치의 복원**을 에너지 정책 수립의 원칙으로 삼아야 한다.

3. 세부 추진 정책

세부적으로 에너지 정책을 추진하는 과정에서 정책의 성격과 특성에 따라 분류를 하고 입체적이고 통합적으로 정책을 이행하는 체계를 만들어야 한다. 우선 한국사회에서 미래 에너지 전환을 이루고 새로운 시스템을 구축하기 위해 에너지 부문의 거버넌스를 어떻게 다시 만들고, 시장 기능을 최대한 활용하느냐 하는 측면이 중요하다(거버넌스 구축과 시장 기능 확대). 둘째, 미래 에너지와 날로 중요해지는 전략 핵심 자원의 수급을 어떻게 안정적으로 구축하느냐 하는 측면에서 세부과제를 설정해야 한다(에너지 자원 수급 기반 구축). 마지막으로 국제 사회에서 가속화되는 미래 에너지 전환에 적극 대응할 수 있는 실질적인 정책과제를 만들어 나가야 한다(에너지 전환의 가속화). 미래 에너지 시장이 당면한 도전에 대응할 수 있는 국가적인 목표를 수립하고 이를 추진하는 과정에서 한국 사회의 신뢰와 수용성을 바탕으로 일관된 원칙과 입체적이고 통합적인 정책을 추진해야 에너지 분야가 국가 발전에 기여하고 그 기능을 다 할 수 있다. 더 이상 에너지 정책이 시장이 불신하고 사회적 신뢰를 얻지 못하는 고장난 신호등으로 남아 있으면 안 된다. 에너지 정책은 한국 사회가 직면한 에너지 교차점(Energy Crossroad)에서 정확하고 분명한 신호를 발신하여 길잡이로서의 역할을 수행해야 한다. 이를 바탕으로 현재 우리가 시급히 추진해야 할 세부 정책을 정리하였다.

1) 거버넌스 구축과 시장 기능 확대

(1) 에너지 · 자원전략부 신설

정부는 미래 에너지 문제 해결을 위해 기존의 에너지 사업법을 개정하기 보다 수소 경제진흥및안전관리에관한 법률(2020), 이산화탄소 포집운송저장 및 활용에 관한 법률(2024) 제정과 분산 에너지활성화특별법(2023), 국가기간전력망확충특별법, 고준위방사성폐기물관리특별법, 해상풍력보급촉진및산업육성특별법(2025) 국가자원안보특별법(25. 2월 시행) 등 5개의 특별법을 제정하였다(참고자료). 특히 4개의 특별법은 전기화와 탄소감축을 위해 전력 수급 기본 계획의 실행이 필요함에도 탈원전, 송전망건설 지연 등으로 실효성이 불확실한데 따른 정책 집행 절차의 간소화와 지원의 체계화를 주요 목적으로 하고 있다.

그런데 지금의 에너지 현안들을 해결하기 위해서는 관계 부처와 지방자치단체의 협조가 필요하며, 이에 따라 제정된 특별법은 국무총리를 위원장으로 하는 위원회를 두도록 하고 있다. 그러나 이러한 법들이 목표를 달성하기 위해서는 현재의 정책거버넌스로는 한계가 있다. 현재 에너지 거버넌스는 80년대 석유위기 이후 석유의존도를 줄이기 위한 에너지 안보 차원에서 추진된 중앙 정부 주도하에 계획수립, 공기업 독점, 에너지원별 분업주의 정책 패러다임이 기본을 이루고 있다. **이제 에너지 문제의 성격과 내용이 달라짐에 따라 현재 에너지 거버넌스의 근본적인 변화가 필요하다.**

에너지 계획의 수립과 의사결정 과정을 공급자 중심의 정부 주도형 의사결정 체계에서 벗어나 에너지 수요자와 민간, 지방자치단체 등의 실질적인 참여를 확대하고 기후변화에 효과적으로 대응할 수 있는 새로운 부서를 신설해야 한다. 새로운 부서가 중심이 된 혁신적인 콘트롤타워를 통해 21세기 에너지 부문의 새로운 도전에 효과적으로 대응할 수 있는 체계를 구축한다. 국가 경쟁력의 확보와 경제의 활력을 회복하는 전제 조건이 된 에너지 문제를 해결하려면 수요자 중심의 에너지 시스템 구축, 스마트 분산형 전원 시스템 구축, 시장 중심의 발전 사업자 확대 및 허용, 에너지 대전환과 디지털 전환의 융합을 통한 효과적인 인프라 구축이 시급한 국가적 과제이다. 이를 위해 막대한 재원이 소요되므로 정부는 이에 필요한 특별 기금을 조성하고, 민간의 투자가 활성화되도록 인센티브와 공정한 규제체계 마련이 필요하다. 80년대 전국 천연가스배관망사업과 원전 건설 등 국책사업 추진을 위해 석유 사업 기금을 조성하여 활용하였고, 90년대 도로, 항만, 철도 등 SOC의 획기적 확충을 위해 SOC특별회계를 설치 운영한 사례를 참고할 만하다. 전력 등 에너지가 미래 국가경쟁력을 좌우할 것이므로 미국 트럼프 행정부가 에너지 지배 위원회(Energy Dominance Council)와 같은 강력한 '국가에너지위원회'를 설치하는 방안을 검토할 필요가 있다.

시장 기능의 활성화를 포함하여 다양한 이해당사자들의 상반된 주장을 조정하는 새로운 의사결정 과정을 만들고 이행한다. 상향식(Bottom-up) 방법을 통하여 의견 수렴과 투명한 절차를 통하여 합의를 이루는 과정을 제도화한다. 2050년 탄소 중립 목표 달성과 같은 30년 후의 미래에 대한 정책 결정을 현재 시점에서 하게 됨에 따라 지금의 청년 세대가 미래에는 당사자가 되는 상황에서 이들을 의사결정 과정에 참여시키는 구조를 만들어야 한다.

탄소 가격을 포함한 에너지 상대가격 조정, 폐기물 처리비용 상승 등 국민의 에너지 이용에 따른 환경비용부담 증가를 취약계층이 상쇄할 수 있는 복지 정책을 수립하여 에너지 정책과 연계하는 것도 에너지 신설부서의 중요한 기능이 되어야 한다. 기존의 다양한 취약계층을 위한 에너지 프로그램은 복지 정책 차원에서 합리적인 재설계가 필요하다. 에너지 신산업 육성 정책 중 젊은 세대, 노년 세대, 취약계층에 대하여 다양한 취업기회를 확대하고 이를 지원하기 위한 교육 및 훈련 프로그램을 개발하고 적극적으로 운영하는 것도 에너지 복지 정책 차원에서 적극적으로 시행해야 한다.

(2) 핵심 광물 자원 확보

전기화, 디지털화와 같은 패러다임 전환은 핵심 광물 집약형 산업 구조로 전환과 공급망 재편을 가속화하고 있다. 핵심 원료 광물 수요는 2020년 대비 2040년까지 4배 이상 급증할 전망이다. 하지만, 러–우 전쟁 등 지정학적 위기나 자원 공급국의 수출 통제 등 공급망 교란은 핵심 광물 수급의 불확실성 및 가격 급등을 초래한다. 따라서 희토류, 리튬, 우라늄 등 핵심 자원 공급망의 다변화가 필수적이다. 미국, 유럽, 한국, 일본 등 자원 수요 수요국은 광물 안보 파트너십(MSP, Minerals Security Partnership), 핵심 광물

작업반(Working Party on Critical Minerals) 등을 통한 동맹국 중심의 협력 확대 및 인플레이션 감축법(IRA), 핵심 원자재법(CRMA)과 같은 공급망 내재화를 추진 중이다. 특히 주요 자원 수요국인 미국, 유럽, 한국, 일본은 아프리카와 남미 국가와의 자원 외교를 강화해야 한다. 실제로 이미 미국, 일본은 쿼드(Quad) 안보 협의체를 통해 희토류 공급망 구축을 논의 중이며, 유럽도 EU－아프리카 전략, EU－라틴아메리카 원자재 파트너십 구축 등을 통해 자원 공급망을 다각화하고 있다(MOTIE, 2023). 한국도 한－아프리카 핵심 광물 대화를 출범하고 칠레와 아르헨티나에 민·관 합동 핵심 광물 사업조사단을 파견하는 등 협력 체계를 구축하고 있으나 보다 적극적인 정책 지원이 필요하다.

(3) 전력 부문의 시장 기능의 과감한 도입과 요금 정상화

전력 시장의 효율성을 증대하고 경쟁 활성화와 한전을 비롯한 공기업의 재무악화를 야기하는 지원정책을 지양하고 전기 요금의 변동 요인에 대한 투명한 공개 및 소비자의 공급자 선택권을 제공할 필요가 있다. 재생 에너지 확산에 대응한 전력계통의 유연성 및 안정성을 확보하고, 재생 에너지의 수용성 증대에 기여하고 수요자 중심의 유연한 전력 시스템을 활성화할 수 있는 적절한 인센티브의 설계와 도입이 필요하다. 더불어 한국전력공사와 발전자회사 중심의 전력사업 운영방식에서 탈피하고 민간의 과감한 혁신적 아이디어와 제도 도입을 장려하고 보장하는 전력 시스템의 대대적인 전환이 필요하다. 2020년 말 연료비 조정요금 및 기후환경요금 신설 등 일부 전기 요금 체계 개편이 있었지만 보다 합리적이고 투명한 절차와 정책당국자, 공급자, 소비자의 협의를 통한 요금체계 개편에 대한 논의가 필요하다. 형식적인 공청회 개최나 정치적인 공방을 유발하는 비생산적인 논의방식에서 탈피하고 합리적인 전력가격 조정 메커니즘을 구축해야 한다.

전기화와 에너지 전환에 대응하기 위해 현재의 한전 독점체제의 근본적인 변화를 추진해야 한다. 한전은 송전망 건설 운영 등 시장이 할 수 없는 기능과 해상풍력, 대형 가스터빈, 대형 원전 등 기술 개발과 국가적 지원이 필요한 사업에 집중할 필요가 있다. 이를 위해 **한전을 지주회사체제로 전환하고, 송변전부문은 별도 회사로 독립시킬 필요가 있다. 지주회사 한전은 대형해상풍력, 원전수출 등 전략 부문에 주력하고 시장 기능에 맡길 수 있는 부분은 민간에 과감하게 이양 또는 참여 확대를 통해 경쟁체제로 전환**시킨다.

(4) 에너지 기반 시설의 고도화

에너지 전환에 따른 기존 에너지 기반 시설을 업그레이드 하고 고도화할 필요가 있다. 이 과정에서 화석 연료를 기반으로 하는 에너지 산업의 전환에 따른 사회적 비용을 최소화 하고, 이들 산업에 사용된 인프라 활용과 종사하는 인력들의 구제방안으로 새로운 일자리 확보, 관련 기술 유지 및 타 부문 적용 등 기존 인력과 시설 활용 및 지원을 적극 검토한다. 과거 석탄 산업 합리화 추진 과정에서 탄광 지역의 쇄락을 경험한 사례 등을 참고하여 기존 에너지 및 산업 단지의 변환과 지역도시 재개발과 연계한 새로운 에너지 산업 단지로의 전환을 적극 지원하는 등 예측 가능한 산업 구조 조정 방안 제시를 통하여 해당 산업과 관련 기업들의 조정과정에서의 사회적 비용을 최소화한다.

디지털 전환에 따른 전력 수요의 급증에 대응하기 위해 신규 발전설비의 건설이 필요하며, 국가 기간 송전망의 확충, 수소 경제 조기 정착에 따른 관련 인프라의 구축 등 향후 에너지 기반 시설에 대한 대규모 투자가 필요하다. 이를 신설되는 정부부처에서 주도적으로 수행해야 할 것이며, 나아가 에너지 기반 시설에 대한 효율적인 투자와 확충을 통해 배양된 국내 산업계의 역량은 해외시장 진출로 이어지게 될 것이다.

2) 미래 에너지 자원 수급 안정 기반 구축

(1) 원전 산업의 국제 경쟁력 강화

원자력의 활용에 있어서 이념적이고 정치적인 접근이 아닌 과학과 기술에 바탕을 둔 접근방법이 필요하다. 원자력 발전이 에너지 빈국인 우리나라에게 전력 수급 안정과 2050년 탄소 중립을 위한 실질적이고 중요한 발전부분의 선택이라는 점은 재론의 여지가 없다. 그러나 원자력을 통한 발전은 낮은 확률이지만 사고 발생 시 예상할 수 없는 규모의 위험과 방사성 폐기물 안전에 대한 일반 대중의 우려가 존재하는 것도 사실이다. 따라서 탄소 중립에 효율적인 수단이지만 동시에 사회적 갈등을 유발하는 원전을 어떻게 이용할 것인가 하는 문제는 에너지 정책의 중요한 과제이고, 사회적 합의에 기반한 정책수립과 이행이 필요한 대목이다.

2050년 탄소 중립 달성을 위한 원자력 에너지의 역할인 기존 대형 원전 발전과 더불어 소형 모듈형 원자로(SMR)를 활용한 수소 생산 등을 재평가하여 원자력 이용 범위를 확대하고 정확한 규모 산정, 개발 및 활용 전략을 수립한다. 운전 수명이 다해가는 기존 대형 원전의 계속 운전 추진을 위하여 외국의 사례 비교 검토를 포함하여 현실적인 방안을 모색한다. 특히 한국의 원전 산업의 생태계를 유지하여 세계 원전 시장에서 점유율을 높임으로써 원전 산업의 수출 산업화를 적극적으로 추진한다.

미래 수출 산업의 발굴과 육성, 에너지 대전환의 구체적 방안으로 SMR은 새로운 기회를 제공할 수 있다. 안전성과 유연성이 뛰어난 SMR은 대형 원전에 비해 대중의 수용성 확보와 시장 진입이 용이하며 다양한 활용이 가능하기 때문에 아직 상용화 단계는 아니지만 2050년 탄소 중립의 새로운 대안으로 적극적으로 활용가능하다. SMR은 이미 세계 주요국들이 기술 개발에 몰두하고 있으며 한국의 혁신형 소형 모듈 원자로(i-SMR)도 한국의 축적된 원전기술의 이용과 운영 노하우 등을 바탕으로 새로운 에너지 시장으로 부상하고 있는 SMR의 세계 시장에서 주요 공급자가 될 수 있도록 기술 개발 및 인증과정에서 획기적인 정책적 지원이 필요하다. SMR의 입지선정과 관련하여 탈석탄 정책에 따라 폐지되는 기존의 화력 발전소 부지를 활용하여 수소 생산에 필요한 SMR 기술 개발 및 국내 실증을 1-2개 추진하여 수출 경쟁력 제고 및 국제 시장 선점의 기회로 활용한다. SMR의 국내 인허가 제도 개선을 통한 SMR 사업추진 효율성을 높이고 민간기업 참여 확대 여건을 조성하여 SMR을 활용한 원전 산업의 국제 경쟁력을 강화한다. 그리고 수출 금융지원, 수출 기반 조성을 위한 관련 중소기업 육성 등 실질적인 산업지원을 위한 특별법을 제정한다.

원자력 이용에 따른 위험요소를 사회적으로 수용 가능한 수준으로 유지하기 위한 대책 수립을 위하여 투명한 정보공개, 다양한 이해관계자의 참여, 절차의 공정성 보장 등 사회적 합의 절차를 강화한다. 기존 원전의 계속 운전 시 안전성 강화를 위한 구체적 조치, 수명 종료 원전의 폐지 후 안전성이 강화된 신규원전 대체 등 사회적 비용을 최소화하면서 합리적으로 원전을 활용할 수 있는 현실적인 해결책을 마련한다. 제정된 특별법에 따라 사용 후 핵연료 관리 및 처분을 위한 부지 마련에 착수한다.

(2) 재생 에너지의 합리적인 확대

분산형 전력망과 마이크로그리드 구축은 고립된 지역이나 독립된 지역의 에너지 자립도를 높이고, 비상시에 전력 수급 안정성을 제고할 수 있는 대안이 될 수 있다. 이러한 분산형 전원 시스템은 독립적 운영이 가능해 중앙 전력망의 장애 및 정전 시에도 안정적으로 전력 공급이 가능하다. 또한 화석 연료 기반의 에너지원이나 장거리, 송전망 구축에 따른 과도한 투자비 및 사회적 비용도 줄일 수 있는 장점이 있다. 독립성을 가진다는 것은 전력 생산과 소비가 한정된 공간에서 이루어진다는 것을 의미하며, 기존의 화석 연료 기반의 대규모 전력 공급 시스템에 의존하지 않기 때문에 송배전 손실을 줄일 수 있다. 따라서 전력 공급의 에너지 효율성을 높여 탄소 배출 감소에도 기여한다. 이를 본격적으로 실행하기 위해 '분산에너지활성화법'에 규정된 분산 에너지 특화지역에 발전소와 수요 기업을 동시에 유치하고 산업 생태계를 구축하는 방안을 추진할 필요가 있다. 재생 에너지 사업 규모가 유틸리티급으로 대형화됨에 따라 기존의 채권 또는 펀드 방식의 수익공유형 주민 참여 프로그램을 보완하는 새로운 사업 모델을 개발하여야 한다.

(3) 스마트그리드와 에너지 관리 시스템 활성화

AI와 IoT 기반 에너지 관리 시스템은 데이터 수집과 분석을 통한 에너지 소비 패턴을 학습하고 설정된 조건에 따라 설비를 자동으로 제어하여 에너지 과소비를 방지할 수 있는 기술이다. 이를 활용한 스마트그리드를 통해서도 에너지 소비와 생산을 연결해 효율성을 극대화할 수 있다. 스마트그리드는 기존 전력망에 정보·통신기술(ICT, Information and Communications Technology)을 접목하여 에너지 생산, 전달 및 소비를 효율적으로 관리하는 지능형 전력망 시스템이다. 스마트그리드의 가장 큰 특징은 공급자와 소비자가 실시간으로 정보를 교환할 수 있어 에너지 효율을 최적화할 수 있다는 점이다.

현재 구글 검색 한번은 0.3Wh 전력을 사용하는 것에 비해, Chat GPT 검색은 2.9Wh가 필요하여 구글 검색보다 10배 전력이 필요하다. 이러한 AI 활용 서비스를 위한 상시 전력 수요 공급과 전력 효율화가 매우 중요하다. 여기에 빅데이터와 AI 분석을 활용한 에너지 효율화는 데이터 센터와 전력 소비 시설의 에너지 절감을 촉진할 수 있다. AI를 활용한 송전망 이용을 극대화하고 장애 사전 감지를 통한 복구 시간 단축 체계 구축은 에너지 공급 및 효율화 측면에서 도움이 될 수 있는 기술이다. 최종 수요처의 에너지를 실시간으로 대응하는 시스템을 확대함으로써 에너지 수요에 탄력적으로 대응할 수 있다.

3) 에너지 전환의 가속화

(1) 탄소 시장 선진화

탄소 시장의 조기 정상화가 시급하다. 2050년 탄소 중립 실현을 위한 온실가스 감축 목표 달성의 효율성을 높이고 기후탄력적인 저탄소 발전 전략 실현을 통하여 경제의 성장동력을 극대화하기 위해서는 탄소 시장의 기능을 확대하고 시장 기능의 정상화를 위한 제도적 개혁이 시급하다. 합리적인 탄소 시장의 정착과 활성화는 탄소 중립 목표와 지속 가능한 발전을 동시에 달성할 수 있는 최선의 대안임은 물론 EU를 중심으로 논의되고 있는 탄소 국경조정 메커니즘(CBAM, Carbon Border Adjustment Mechanism)에 능동적으로 대응하는 최선의 방안이다. 국내 탄소 시장의 투명성과 신뢰성을 제고하여 장기적으로는 EU 주도의 아시아 탄소 시장 또는 글로벌 탄소 시장 논의에 대비하는 것이 필요하다. 시장안정화 예비분 및 가격상하한제 구체화 등 탄소 시장의 투명성을 높이고 정부의 시장 개입 재량권을 최소화하는 방향으로 제도를 개선해야 한다. 제3자 참여 확대, 해외 상쇄배출권 인정 기준 개선 등으로 시장의 유동성을 확대하고 금지에 가까운 이월 제한 등 과도한 규제를 해소하여 탄소 가격 기능을 정상화하는 것이 선결되어야 한다.

현재 국가 총배출량의 70%를 관리하는 탄소 배출권 적용 범위를 수송, 건물 등에 확대 적용하여 90% 이상으로 높임으로써 국가 온실가스 감축목표의 효율적 달성을 위한 핵심 정책수단으로 활용해야 한다. 모든 분야가 에너지 사용과 관련이 매우 깊다. 수송 부문에서는 석유제품 정제·판매 업체 배출권 할당, 자동차 배출가스 스마트 미터링 시스템 도입 등을 검토하고, 건물 부문에서는 아파트 등 민간 주택 포함하여 표준 베이스라인을 활용한 상쇄 배출권 사업화의 적용을 확대한다.

파리협정 6조에 명기된 국제 시장 메커니즘(International Market Mechanism) 도입을 통해 국제 탄소 시장과 연계 및 협력방안을 도출한다. 몽골, 인도네시아 등 개도국과 태양광·풍력·CCUS 등 기후·에너지 설비 공급, 수소 교역, 포집된 이산화탄소의 저장 장소 확보 등을 포함하는 탄소·수소 시장 및 에너지 경제 분야 국제협정 체결을 주도한다.

(2) 수소 경제 조기 정착 지원

수소의 생산, 보관, 수송, 활용 등 생태계 전반의 균형된 기술개발 및 초기 인프라 구축을 위한 과감한 지원이 필요하다. 지자체의 수소 거점 정책과 민간 수소개발 프로그램 연계를 통한 실증사업이 빨리 상업화 단계로 진입할 수 있도록 지원한다.

저탄소 에너지 전환의 핵심 기술인 수소 에너지에서도 각 선진국의 투자 및 정책적 지원이 강화되고 있다. 특히 유럽과 일본은 수소 경제로의 전환을 위한 대규모 인프라 구축을 추진하고 있다.

유럽은 2030년까지 31,000km의 수소 파이프라인을 구축하고, IPCEI Hy2Infra 프로젝트를 통해 69억 유로의 공적 자금을 투입하며 EU 수소은행을 운영하는 등 수소 관련 통합 네트워크 구축에 힘쓰고 있다. 한편 일본은 저장 및 운송 인프라 구축 지원을 포함한 수소 클러스터 구축을 시범사업으로 추진하고 있다. 이에 따라 일본은 수도권에 3개의 대규모 클러스터, 그리고 지방에는 5개의 중규모 클러스터를 조성할 계획이다. 수소 사회촉진법(Hydrogen Society Promotion Act), 차액보조금(CfD, Contracts for Difference) 지급 등을 통해 총 3조 엔을 인프라 및 청정 수소 공급망 구축에 투자할 예정이다.

우리도 이러한 추세에 맞춰 현재 자동차 중심의 수소 지원을 발전, 산업공정 등에 청정 수소를 활용하는 보다 포괄적 지원정책을 추진하며, 일본 등 에너지 사정이 유사한 국가와 협력을 강화하고 있다.

(3) 탄소 포집 및 저장(CCS) 기술의 상용화

탄소 포집 및 저장(CCS) 기술과 블루 수소, 고효율 발전 기술과 같은 저탄소화 기술의 적용을 통해 화석 에너지를 점진적으로 탈탄소화하는 것이 필요하다. 미국과 유럽은 CCS와 블루 수소를 적극적으로 도입하며 화석 연료 산업의 지속 가능성을 모색하고 있다. 미국은 CCS 기술을 국가기후 목표 달성을 위한 주요 정책으로 삼고 있다. 2030년까지 온실가스 배출량을 2005년 대비 50~52% 감축하기 위해 CCS 보급 촉진을 위한 정책적 인센티브를 제공하고 있다. EU

는 2018년 탄소포집 및 이용(CCU)기술을 활용한 바이오 연료를 의무사용 재생 연료 범위에 포함시켰으며, EU-ETS(Emissions Trading System) 수익금의 최대 60%를 CCS와 같은 사업에 투자, 활용하도록 지원하고 있다. 현실적으로 현재 전 세계 수소 생산의 95%가 화석 연료에서 생산한 그레이수소이며, 생산의 22%가 미국과 유럽에서 소비된다. 청정 수소의 전략적 이용, 공급 가격 인하, 허브 구축을 통한 규모 확대를 제시하였다. 유럽 또한 수소 경제 구축을 위한 그린 수소 및 수소공급 사슬 구축에 중점을 두고 있으나 가격경쟁력을 위해 CCS를 활용한 블루 수소의 필요성을 강조하고 있다. 우리도 CCS법에 따라 CCS와 관련된 기술 개발 및 활용에 보다 실효성 있는 정책추진이 필요하다.

참고자료

분산 에너지활성화 특별법 (24.6월 시행)	- 전력 계통 영향 평가제도 시행 - 전력 직접 거래가 가능한 '분산 에너지특화지역' 지정 - 통합 발전소 사업 도입 - 분산 에너지 설치 의무 제도 - 배전망 관리 강화 - '지역별 전기 요금 차등 시행' 근거 조항 마련
국가자원안보 특별법 (25.2월 시행)	- 산업통상부 소속의 '자원안보협의회' 설치 - 자원 안보 위기 조기 경보 체계 구축 - 핵심 자원의 공급 및 수요 관리 - 자원 안보 위기 경보 발령 및 수급 관리 긴급 대응
국가기간전력망 확충 특별법 (25.2.27 국회통과)	- 국무총리 소속의 '국가기간전력망 확충 위원회' 설치 - 인허가 의제 확대(18개에서 35개로) - 주민 및 자치단체에 대한 보상 및 지원 확대 - 전력 생산지에서의 우선 사용 허용으로 수도권 전력 집중 문제 완화
고준위 방사성 폐기물 관리에 관한 특별법 (25.2.27 국회통과)	- 국무총리 소속의 고준위 방폐물 관리 위원회 설치 - 고준위 방폐장 부지선정 절차 마련 - 유치지역 지원방안 수립 - 2050년까지 중간저장시설, 2060년까지 영구저장시설 건설 규정
해상 풍력 보급 촉진및 산업 육성에 관한 특별법 (25.2.27 국회통과)	- 국무총리 소속 해상풍력발전위원회 설치 - 정부 주도의 주민수용성 및 환경성이 확보된 계획 입지 발굴 - 인허가 절차 간소화 및 인허가 의제 지원 - 해상 풍력 산업 육성 지원

에필로그

EPILOGUE

우리가 글을 쓰는 2025년 6월 현재 우크라이나 전쟁의 종전협상은 개시되었지만 여전히 전쟁이 진행되고, 가지 지구에서도 짧은 휴전 후 다시 전투가 재개되었다. 원유와 가스의 최대 생산 지역에 지정학적 위험이 도사리고 있다. 한편, 트럼프 2기 정부의 관세 인상을 통한 무역전쟁(Trade War)이 시작되면서 중국이 상응하는 관세 인상과 핵심 광물인 7종의 희토류에 대한 수출 통제 조치를 취하면서 국제 에너지와 자원 시장의 불확실성이 더욱 커지고 있다. 이러한 불확실성이 언제 어떻게 마무리될지 짐작하기 어려워 우리처럼 에너지와 자원을 수입에 의존하는 입장에서 훨씬 더 긴장할 수밖에 없다.

에너지는 경제의 피와 같아 흐르지 않으면 경제가 마비된다. 그래서 우리처럼 에너지를 수입해서 쓰는 나라는 에너지와 자원의 안정적 경제적 공급을 안보 차원에서 다루고 국제 시장 안정화에 더욱 적극적으로 노력해 왔다. 다행히 80년대 세계 에너지와 자원 시장이 안정되며 세계화 물결을 타고 통합의 과정을 거치면서 우리는 필요한 에너지와 자원을 국제 시장에서 큰 어려움 없이 조달할 수 있었다. 시장의 안정세를 활용하여 원자력과 석탄 발전소를 건설하여 값싸고 품질 좋은 전력을 공급할 수 있었고, 액화 천연가스를 도입하여 난방, 발전, 산업에서 석유 대체를 할 수 있었다. 이 과정에서 우리는 비록 화석 에너지는 생산하지 않지만, 에너지를 사용하는 시스템은 경쟁력을 갖춰 민생과 산업발전을 도모할 수 있었다.

그러나 지금 AI를 활용한 디지털 전환과 저탄소 에너지 전환을 함께 추진해야 하는 교차로에 서 있다. 더욱이 지정학적 불확실성이 큰데 미국이 국제 사회에서 에너지 지배권을 확고히 하려는 시도를 강화하면서 우리의 선택지는 더욱 좁아지고 있다. 80년대처럼 국제원유가격이 폭락하는 3저 시대가 와서 소위 횡재이익(Windfall Profit)을 석유 사업 기금으로 걷어 원전 건설이나 천연가스 배관망 투자를 정부가 계획을 세워 주도적으로 추진하던 시절은 기대하기 힘들다. 게다가 지난 몇 년간 국제 에너지 가격 상승에도 불구하고 전기 요금이나 가스 요금에 충분히 반영되지 못해 한전과 가스공사의 부채 규모가 역사상 최대 규모로 늘어나 있고, 재정의 여력도 넉넉지 않은 상황이어서 정부 주도로 이러한 도전 과제를 풀기는 어려운 상황이다.

한편, 에너지 전환은 새로운 산업과 쇠퇴하는 산업이 발생하는데 이 과정에서 잊지 말아야 과제가 있다. 수요가 줄어 구조조정이 불가피한 분야에서 생기는 소위 좌초자산의 처리와 함께 지역경제의 침체와 실직 등 문제를 피할 수 없다. 우리는 80년대 후반부터 시작한 석탄 산업 합리화 과정에서 이를 여실히 경험하고 있다. 탄광 지역의 경기침체는 물론 모든 탄광을 폐광하였지만 2조 6천억 원의 부채를 지고 있는 석탄공사의 처리에 대해 해법을 찾지 못하고 있다. 이에 반해 에너지 전환이 순조롭게 이루어지려면 여기에 필요한 인프라 구축과 산업 생태계 육성이 되어야 한다. 그러나, 전력을 소비지까지 안정적으로 공급할 송전망 건설은 한없이 지연되고, 전기충전소나 수소 등 신산업 육성을 위한 인프라 구축은 시급한데 입지 확보는 어렵다. 그런 가운데 도심의 주유소나 충전소는 점점 사라지고 외딴 지역의 일부 주유소는 방치되고 있다.

여기서 우리는 과거 80년대부터 에너지의 안정공급을 위해 여러 사업법으로 시행되고 있는 현재의 에너지 정책의 틀이 과연 미래의 문제를 해결하는 데 여전히 유효할 것인지 궁금하다. 그 당시 에너지는 정부가 책임지고 공급해야 하는 필수적인 서비스나 재화였지만 지금은 민간이 신기술을 활용하여 자신이 쓰는 에너지에 대한 솔루션을 찾고자 한다.

에너지 경제학은 에너지 사업에 대해 규모의 경제에 따른 자연 독점과 에너지 사용에서 발생하는 환경오염 등 외부효과에 대해 정부의 적극적 개입을 인정하고 있다. 그러나, 지금의 정책은 민간이 에너지 사업에 참여하려 하나 규제의 원칙이 불투명하고, 환경오염에 대한 사회적 비용이 제대로 반영되지 않고 있다는 주장이 설득력을 얻고 있다. 지방 정부에서도 에너지 사업을 지역 중점 산업으로 육성하려 하며 발전소 등 에너지 사업 투자 결정에 적극적으로 참여하는 분권화를 요구하고 있다. 그런 측면에서 현재 사업법의 틀과 에너지 사업에 핵심 역할을 수행하는 에너지 공기업의 기능과 역할도 재평가해 보아야 한다.

그럼에도 불구하고 에너지 안보는 정부가 포기할 수 없으며 에너지 시장의 불확실성이 크면 오히려 강화되어야 할 핵심적인 정책 과제이다. 과거에는 에너지 안보 위협이 지정학적 위험에 따른 공급 중단이었다면 지금은 태풍이나 지진 같은 자연재해, 기후변화나 사이버테러 등 다양하다. 에너지 공급에서 시장실패가 발생할 때 입는 국가 경제의 피해는 우리처럼 고립된 상황에서 대체가 불가능하고 단기간에 해소할 수 없을 정도로 막대하기 때문이다. 이런 측면에서 미래 에너지 안정공급의 핵심이 되는 대형해상풍력, 수소, SMR 같은 신기술의 사업화에 필요한 인력양성, 기술개발 및 생태계 조성은 정부가 중심이 되어 민관파트너십을 활용하여 보다 강력히 추진되어야 한다.

처칠 수상이 2차 대전을 치르면서 영국의 에너지 안보는 "다변화, 또 다변화"라고 했던 것은 우리에게 시사하는 바가 크다. 이제 에너지 정책은 단선적인 사고에서 벗어나 보다 종합적이고 전략적인 접근이 필요하다. 우리처럼 자원이 없는 나라는 항상 기술이 중심이고 이에 관련된 강건한 산업 생태계가 만들어져야 한다. 화석 연료 시대에 우리가 약자였지만 미래 에너지 전환 시대에 기술을 갖춰 강자로 거듭나야 한다. 그래야 우리 경제의 미래가 있다.

참고문헌

국문자료

고용노동부. (2006). *태백지역대체산업으로서의 관광산업에 대한 지역자체전문인력양성방안 연구.*

국가녹색기술연구소(NIGT). (2023). 일본의 *수소 국제공급망 구축 연구개발 및 실증 동향 - NEDO성과발표회를 바탕으로 (2023.07).* NIGT BREIF.

국가안보전략연구원(INSS). (2025). *우크라이나의 러시아산 가스 송출 중단(2025.1.1.): 유럽 에너지 위기와 정치적 회복력의 시험대.* 이슈브리프, 644, 1-9.

국무조정실, 과학기술정보통신부, 산업통상자원부, 해양수산부. (2018). *국내외 환경변화에 따른 CCS 정책 추진계획 수립 연구.*

대외경제정책연구원(KIEP). (2005). *고유가의 경제적 충격과 주요국의 대응.* 정책연구보고서, 05-33.

대외경제정책연구원(KIEP). (2005). *최근 고유가와 오일쇼크의 비교.* 오늘의 세계경제.

대외경제정책연구원(KIEP). (2022). *유럽의 에너지 안보 강화에 따른 대아프리카 협력 확대 가능성 및 시사점.* 세계경제 포커스, 22(27), 1-15.

산업통상자원부. (2025). *제11차 전력수급기본계획.*

산업통상자원부. (2023). *첨단산업 글로벌 강국 도약을 위한 핵심광물 확보전략.*

삼정KPMG 경제연구원. (2024). *글로벌 규제 폭풍 속, 기업의 공급망 대응 전략.* Business Focus, 2024년 11월호.

서부발전(WP). (2022). *탄소중립 실현을 위한 CCS 기술과 전략.*

에너지경제연구원(KEEI). (2005). *고유가의 원인과 대응방안.* 기본연구보고서, 05-15.

에너지경제연구원(KEEI). (2007). *바이오매스에 의한 열에너지 보급 지원방안.* 이슈리포트, Vol.1-13.

에너지경제연구원(KEEI). (2011). *아프리카 바이오에너지 개발 잠재력 및 시사점.* 에너지포커스, 8(3), 41-66.

에너지경제연구원(KEEI). (2013). *석유의존도 변화에 따른 국제유가의 경제적 파급효과.* 분석기본연구보고서, 13-02.

에너지경제연구원(KEEI). (2013). *석탄산업 합리화정책 출구전략 연구.* 한국에너지경제연구원(KEEI) 기본연구보고서, 13-08.

에너지경제연구원(KEEI). (2013). *전력시장 환경변화가 민자발전사에 미치는 영향과 시사점.* 에너지 포커스 2013 여름호.

에너지경제연구원(KEEI). (2016). *에너지 프로슈머 활성화를 위한 제도개선방안 연구.* 수시 연구 보고서, 16-11.

에너지경제연구원(KEEI). (2017). *석탄규제 현황과 영향 전망.* 에너지 포커스. 2017 가을호.

에너지경제연구원(KEEI). (2018). *독일의 에너지전환정책 비용 요인과 정책적 시사점.* 에너지 포커스, 2018 가을호.

에너지경제연구원(KEEI). (2019). *기후변화 대응을 위한 EU ETS 배출권 경매 수입의 활용*. 세계 에너지시장 인사이트, 제19-17호.

에너지경제연구원(KEEI). (2021). *세계 주요국의 수소전략과 청정수소 생산 비용 분석*. 에너지 이슈 페이퍼, 2021년 7월.

에너지경제연구원(KEEI). (2021). *수소전략과 수소경제 구축의 비용효과 분석*. 세계 에너지시장 인사이트, 제21-4호.

에너지경제연구원(KEEI). (2023). *기후변화 관련 통상 규제 확산에 따른 대응 방안 연구*. 기본연구 23-08호.

에너지경제연구원(KEEI). (2024). *글로벌 수소 수급 및 정책 동향 2024(IEA)*. 세계 에너지시장 인사이트, 제24-22호.

에너지경제연구원(KEEI). (2024). *글로벌 EV 시장 동향 및 전망(IEA)*. 세계 에너지시장 인사이트, 24(13), 1-9.

에너지경제연구원(KEEI). (2024). *세계 CCS 정책 동향 및 시사점*. 세계 에너지시장 인사이트, 제24-19호.

에너지경제연구원(KEEI). (2024). *해외 에너지스토리지(ESS) 지원정책 동향 및 시사점*. 에너지 포커스, 2023년 겨울호, 50-63.

에너지경제연구원(KEEI). (2024). *A study on securing overseas carbon storage for the carbon-neutral energy transition*. KEEI Issue Paper, 24-10.

에너지경제연구원(KEEI). (2025). *세계 에너지 시장 동향과 전망*.

에너지경제연구원(KEEI). (2025). *세계 에너지 시장 전망*. 세계 에너지시장 인사이트, 25(2), 1-9.

이성규, 정규재. (2018). *동북아 슈퍼그리드 구축사업 관련 해외 사례분석과 시사점*. 에너지경제연구원(KEEI).

이재광, 김진원, 이재영. (2016). *열전발전 기술의 현황*. 공업화학, 27(4), 353-357.

이재석, 박정순, 최영선, 김정인, 유종민, 박혜진. (2023). *재생에너지 민간참여 및 투자 확대를 위한 금융모형 연구: 재생에너지 자산유동화*. 한국태양에너지학회 학술대회논문집, 경북.

이지현, 곽노상 and 이동욱. (2016). *CCS(Carbon Capture & amp; Sequestration) 기술·경제성 평가 분석*. 한국기후변화학회지, 7(2), 111-120.

인천연구원. (2018). *중국 수소전기차 산업동향 및 시사점*. 한중Zine INChinaBrief, Vol.365.

장희인, 김구한, 이성규. (2023). *한-일 전력연계에 대한 경제적 및 환경적 분석*. 대한전기학회 학술대회 논문집, 제주.

전국경제인연합회. (2022). *주요국 전력산업 구조 비교 및 시사점*. 글로벌 인사이트, Vol.86.

한국개발연구원(KDI). (2016). *바이오에너지, 환경에 약일까? 독일까? - 바이오에너지의 친환경 논란*. 세계는 지금, 2016년 11월호.

한국개발연구원(KDI). (2024). *경제로 세상읽기*. 2024년 11월호.

한국과학기술기획평가원(KISTEP). (2024). *2024년 글로벌 과학기술&ICT 정책·기술 동향 분석*.

한국과학기술정보연구원(KISTI). (2022). *ASTI Market Insight 029: 그린수소 시장 분석*. ASTI Market Insight, 2022-029.

한국법제연구원(KLRI). (2023). *유럽연합의 에너지 전환 전략 "REPowerEU 계획"과 시사점*. 규제법제리뷰, 제23-4호.

한국산업기술진흥원(KIAT). (2020). *EU·독일·호주 수소전략의 주요 내용 및 시사점*. 정책브리프, 2020-8.

한국수출입은행(Korea Exim Bank). (2022). *중동 주요국의 수소산업 동향 및 시사점.* ISSUE REPORT, Vol.2022.

한국수출입은행(Korea Exim Bank). (2024). *2023년 하반기 태양광산업 동향.* 2024 Semi-Annual Report, Vol.2024-반기-1.

한국에너지기술평가원(KETEP). (2021). *글로벌 에너지 동향 이슈 보고서: 마이크로그리드.* Global Energy Trend Issue Report, Vol. 4.

한국에너지기술연구원(KIER). (2022). *산업부문 전기화(Electrification) 현황 및 전망: 철강·석유화학 산업 중심으로.* 국가기후기술정책센터.

한국에너지기술평가원(KETEP). (2021). *글로벌 에너지 동향 이슈 보고서.* GETIR, 2021 Vol.4.

한국원자력안전기술원(KINS). (2022). *미국 인허가 사례조사를 통한 국내 규제체계의 i-SMR 적용가능성 검토.* 2022 원자력안전연구 N-STAR.

한국조세재정연구원. (2012). *전력산업의 구조개편, 선진화, 그리고 향후 과제.* 포커스.

현대경제사회연구원. (1997). *석유 자유화 정책과 그 영향.* 기업경제 1997.

현대경제연구원(HRI). (2023). *2024년 글로벌 트렌드: 분열하는 세계와 커지는 그림자 리스크.* 경제주평, 23-18.

환경부. (2005). *공공기관 의무구매를 통한 친환경상품 활성화 본격 추진.*

Centre for Research on Energy and Clean Air (CREA). (2023). *석탄은 과연 경제적인가: 한국의 전력 공급망이 건강에 미치는 영향 및 경제적 비용 검토.* CREA.

LG경영연구원(LGBR). (2008). *1, 2차 오일쇼크 시기 주요국 통화정책과 시사점.* LG Business Insight, 1000-52, 53-58.

NICE 신용평가. (2022). *석유의 미래 2(2차대전 후~오일쇼크)*. NICE 신용평가 칼럼.

Samil PwC. (2024). *SMR(소형모듈원자로)의 무한한 가능성과 전략*. Samil PwC Industry Focus.

Solutions for Our Climate(SFOC). (2024). *녹색 철강의 미래, 수소환원제철*. https://www.forourclimate.org.

영문자료

Chang, C.-k., & Oyando, H. C. (장충구 & Harold). (2022). Review of the requirements for load following of small modular reactors. *Energies*, 15(17), 6327.

Chew, A., & Zhou, Y. (2024). *Why small modular reactors are suitable underground*. RSIS Commentaries, 180-24.

Department of Climate Change, Energy, the Environment and Water, Australia. (2024). *National Hydrogen Strategy 2024*.

Electric Power Research Institute (EPRI). (2024). Powering intelligence: Analyzing artificial intelligence and data center energy consumption. *EPRI*.

Energy Information Administration(EIA). (2007). *Annual energy review 2006*. U.S.

EU. (2020). *Critical Raw Materials for Strategic Technologies and Sectors in the EU*. Department of Energy.

Global CCS Institute. (2019). *Bioenergy and carbon capture and storage: 2019 perspective.*

Global CCS Institute. (2024). *Collaborating for a net–zero future: Global status of CCS 2024.*

Hydrogen Council. (2018). *Hydrogen meets digital: New opportunities for the energy and mobility system.* McKinsey & Company.

Industrial Deep Decarbonisation Initiative(IDDI). (2024). *Setting a foun–dation for carbon capture and storage in product life cycle assessment.* CEM CCUS Initiative Report.

International Energy Agency(IEA). (2009). *World energy outlook 2009.*

International Energy Agency(IEA). (2013). *Energy Balances of OECD Countries(CD, Beyong 2020–Summary Energy Balances).*

International Energy Agency(IEA). (2020). *Energy Technology Perspectives 2020.*

International Energy Agency(IEA). (2021). *Global Hydrogen Review 2021.*

International Energy Agency(IEA). (2023). *Hydrogen patents for a clean energy future.*

International Energy Agency(IEA). (2023). *Net Zero Roadmap: A Global Pathway to Keep the 1.5 ℃ Goal in Reach.*

International Energy Agency(IEA). (2023). *World energy outlook 2023.*

International Energy Agency(IEA). (2024). *Electricity 2024.*

International Energy Agency(IEA). (2024). *World energy outlook 2024.*

International Renewable Energy Agency(IRENA). (2020). *Green Hydrogen Cost Reduction: Scaling up Electrolysers to Meet the 1.5℃ Climate Goal.*

International Renewable Energy Agency(IRENA). (2024). *Renewable power generation costs in 2020.*

International Renewable Energy Agency(IRENA). (2024). *Renewable power generation costs in 2023.*

Japan Electric Power Information Center(JEPIC). (2024). *The Electric Power Industry in Japan.*

MIT Energy Initiative. (2022). *The Future of Energy Storege. An Interdisciplinary MIT Study.*

SMR Nuclear Technology Pty Ltd. (2021). *The advantages of safe nuclear power for a reliable, dispatchable, and low−emissions power system in Australia.*

U.S. Department of Energy & U.S. Department of Agriculture. (1998). *An overview of biodiesel and petroleum diesel life cycles. National Renewable Energy Laboratory.* https://www.nrel.gov.

온라인 자료

대한상공회의소. (2024). *산업계 전력수요 대응을 위한 전력공급 최적화 방안. 보도자료.* https://www.korcham.net/nCham/Service/Economy/appl/KcciReportDetail.asp?SEQ_NO_C010=20120939894&CHAM_CD=B001. (검색일: 2025년 3월 17일)

매일경제. (2011). *에너지공기업 빚 113조 6개월새 20% 급증.* https://www.mk.co.kr/news/business/4987078 (검색일: 2025년 3월 13일)

에너지 온실가스종합정보 플랫폼(EG-TIPS). (2024). *에너지 수입의존도.* https://tips.energy.or.kr/statistics/statistics_view0210.do. (검색일: 2025년 4월 16일)

통계청. *가스(LNG) 수급 동향.* e-나라지표. https://www.index.go.kr/unity/potal/main/EachDtlPageDetail.do?idx_cd=1165 (검색일: 2025년 3월 12일)

통계청. *신·재생에너지 발전비율.* e-나라지표. https://www.index.go.kr/unify/idx-info.do?idxCd=4293 (검색일: 2025년 3월 12일)

BloombergNEF(BNEF). (2022). *Cost of new renewables temporarily rises as inflation starts to bite.* https://about.bnef.com/blog/cost-of-new-renewables-temporarily-rises-as-inflation-starts-to-bite/. (검색일: 2025년 3월 29일)

European Commission. *Mobility strategy.* https://transport.ec.europa.eu/transport-themes/mobility-strategy_en (검색일: 2025년 3월 29일)

European Commission. *REPowerEU: Affordable, secure and sustainable energy for Europe.* https://commission.europa.eu/strategy-and-policy/priorities-2019-2024/european-green-deal/repowereu-affordable-secure-and-sustainable-energy-europe_en (검색일: 2025.2.12.)

European External Action Service(EEAS). (2020). *유럽 기업들의 미래 준비를 위한 새로운 산업 전략: 세계 무대에서의 경쟁력을 강화하는 가운데 친환경·디지털 유럽 만들기.* https://www.eeas.europa.eu/delegations/south-korea/유럽집행위원회-보도자료-유럽-기업들의-미래-준비를-위한-새로운-산업-전략-세계-무대에서의-경쟁력을-강화하는-가운데-친환경-디지털-유럽_ko?s=179 (검색일: 2025년 3월 29일)

KOTRA. (2022). *인도네시아의 이유있는 바이오연료 활용 정책.* https://dream.kotra.or.kr/kotranews/cms/news/actionKotraBoardDetail.do?pNttSn=193347 (검색일: 2025년 3월 5일)

KOTRA. (2024). *2024 호주 수소산업 정보.* https://dream.kotra.or.kr/kotranews/cms/news/actionKotraBoardDetail.do?pNttSn=214524. (검색일: 2025년 3월 5일)

International Energy Agency(IEA). (2022). *Russian natural gas flow to the European Union, January 2019-July 2022.* IEA, Paris. https://www.iea.org/data-and-statistics/charts/russian-natural-gas-flow-to-the-european-union-january-2019-july-2022 (검색일: 2025년 2월 12일)

International Energy Agency(IEA). (2023). *Average producer price for selected technologies, Q1 2015 to Q2 2023.* IEA, Paris. https://www.iea.org/data-and-statistics/charts/average-producer-price-for-selected-technologies-q1-2015-to-q2-2023, Licence: CC BY 4.0 (검색일: 2025년 2월 12일)

Macrotrends. *Crude Oil Prices – 70 Year Historical Chart.* https://www.macrotrends.net/1369/crude–oil–price–history–chart (검색일: 2025년 2월 13일)

SK Ecoplant. (2024). *탄소중립 실현하려면 '수소 가격'이 얼마까지 떨어져야 할까?* https://news.skecoplant.com/plant–tomorrow/14697/# (검색일: 2025년 3월 5일)

U.S. Department of Energy (DOE). *Benefites of Small Modular Reactors(SMRs).* https://www.energy.gov/ne/benefits–small–modular–re–actors–smrs (검색일: 2025년 2월 15일)

U.S. Department of Energy (DOE). (2025). *Campus microgrids with small modular reactors reduce carbon emissions.* https://www.energy.gov/oe/articles/campus–microgrids–small–modular–reactors–reduce–carbon–emissions (검색일: 2025년 2월 15일)

European Union (EU). *About the EU ETS.* https://climate.ec.europa.eu/eu–action/eu–emissions–trad–ing–system–eu–ets/about–eu–ets_en (검색일: 2025년 2월 17일)

에너지 CROSSROAD

초판발행 2025년 6월 23일

지은이 정태용·김현제·문재도
펴낸이 노 현

편 집 탁종민
표지디자인 이영경
제 작 고철민·김원표

펴낸곳 ㈜ 피와이메이트
서울특별시 금천구 가산디지털2로 53, 210호(가산동, 한라시그마밸리)
등록 2014. 2. 12. 제2018-000080호
전 화 02)733-6771
f a x 02)736-4818
e-mail pys@pybook.co.kr
homepage www.pybook.co.kr
ISBN 979-11-7279-135-3 93320

정 가 17,000원

박영스토리는 박영사와 함께하는 브랜드입니다.